Thomas Haug

'Das spielt (k)eine Rolle!'

Theater der Befreiung nach Augusto Boal als Empowerment-Werkzeug im Kontext von Selbsthilfe

BERLINER SCHRIFTEN ZUM THEATER DER UNTERDRÜCKTEN

Herausgegeben von Harald Hahn

1 *Anne Dirnstorfer*
Forumtheater in den Straßen Nepals
Emanzipation jenseits des Entwicklungsdiskurses?
ISBN 3-89821-665-9

2 *Thomas Haug*
'Das spielt (k)eine Rolle!'
Theater der Befreiung nach Augusto Boal als Empowerment-Werkzeug im Kontext von Selbsthilfe
ISBN 3-89821-486-9

Titelillustration: Thomas Haug

Thomas Haug

'DAS SPIELT (K)EINE ROLLE!'

Theater der Befreiung nach Augusto Boal als Empowerment-Werkzeug im Kontext von Selbsthilfe

ibidem-Verlag
Stuttgart

Bibliografische Information Der Deutschen Bibliothek

Die Deutsche Bibliothek verzeichnet diese Publikation in der Deutschen Nationalbibliografie; detaillierte bibliografische Daten sind im Internet über <http://dnb.ddb.de> abrufbar.

∞

Gedruckt auf alterungsbeständigem, säurefreien Papier
Printed on acid-free paper

ISSN: 1863-2106

ISBN: 3-89821-486-9

Printed in Germany

Inhaltsverzeichnis

Einleitung

"DIE VERKEHRTE WELT BEDEUTET UNS, DIE WIRKLICHKEIT ZU ERTRAGEN, ANSTATT SIE ZU VERÄNDERN, DIE VERGANGENHEIT ZU VERGESSEN, ANSTATT IHR ZUZUHÖREN, UND DIE ZUKUNFT HINZUNEHMEN, ANSTATT SIE UNS VORZUSTELLEN: SO BEGEHT SIE DAS VERBRECHEN, UND SO EMPFIEHLT SIE ES AUCH WEITER. IN IHRER SCHULE, DER SCHULE DES VERBRECHENS, IST UNTERRICHT IN MACHTLOSIGKEIT, GEDÄCHTNISSCHWUND UND RESIGNATION PFLICHT. DOCH ES IST BEKANNT, DASS ES KEIN UNGLÜCK OHNE GLÜCK GIBT, KEINE SEITE, DIE NICHT AUCH IHRE KEHRSEITE HAT, UND KEINE MUTLOSIGKEIT, DIE NICHT DEN MUT SUCHT. UND ES GIBT AUCH KEINE SCHULE, DIE NICHT IHRE GEGENSCHULE HAT."[1]

- EDUARDO GALEANO -

Soziale Arbeit bewegt sich stets in Kontexten, die zunehmend von einem globalen, hegemonialen Diskurs bestimmt sind. Dieser beschwört, dass es keine Alternativen zu den herrschenden Modellen gebe, die im Namen von 'Fortschritt und Wohlstand durch freien Markt' faktisch weltweites Elend, Ungerechtigkeit und letztlich die Selbstzerstörung produzieren.[2] Die vermeintliche Alternativlosigkeit bewirkt gewissermaßen eine Sozialisation der Passivität, Ohnmacht und Hoffnungslosigkeit – die Welt sei eben so, wie sie ist und man selbst könne sowieso nichts tun.
Die Analyse GALEANOS bringt neben der Kritik jedoch auch Hoffnung zum Ausdruck. Er vertraut zuversichtlich auf die Gegenbewegung, zu der meines Erachtens auch die Soziale Arbeit beitragen kann, wenn sie neue Wege wagt. Ein solcher Weg ist die Verbindung der Selbsthilfe-Idee, des Empowerment-Konzeptes und des Theaters der Befreiung (TdB). Alle drei ermutigen und unterstützen Menschen in ihrem Engagement, sich selbst zu helfen und sich selbst zu bemächtigen, um eine aktive Rolle im eigenen Leben und in der Gesellschaft zu spielen!

Das Bestreben der vorliegenden Untersuchung ist es, diese drei Ansätze (Selbsthilfe, Empowerment und TdB) in Beziehung zu setzen und damit einen

[1] GALEANO 2000, S. 16
[2] einführend dazu: vgl. BORDIEU u.a. 1998 / vgl. LE MONDE DIPLOMATIQUE (Hg.) 2003

Beitrag zur Weiterentwicklung der Sozialen Arbeit im Sinne der Gegenbewegung zu leisten.

Entsprechend dieser Zielsetzung gehe ich hauptsächlich zwei zusammenhängenden Fragen nach: Inwiefern eignet sich das TdB, um Empowerment-Prozesse anzustoßen? Und kann das TdB eine ernstzunehmende Rolle im Selbsthilfe-Kontext spielen?
Die grundsätzliche Wirksamkeit des TdB – insbesondere bezüglich pädagogisch-politischer Zielsetzungen – wurde bereits im Rahmen vieler theoretischer Diskussionen sowie Reflexionen praktischer Erfahrungen überzeugend nachgewiesen.[3]
Grundlage meiner Ausführungen ist deshalb nicht die Frage, *ob* das TdB ein wirksames pädagogisch-politisches Werkzeug ist, sondern vielmehr, *was* das TdB im Hinblick auf Empowerment in der Selbsthilfe bewirken kann und *wie* die konkrete Umsetzung in der Praxis aussehen könnte.
Bevor jedoch den Kernfragen nachgegangen werden kann, muss geklärt werden, was im Rahmen der vorliegenden Untersuchung unter Selbsthilfe, Empowerment und TdB verstanden werden soll. Dem entsprechend gestaltet sich der Aufbau meiner Ausführungen.

In Kapitel 1 beleuchte ich den Selbsthilfe-Ansatz, wobei ich ausgehend von einer kritischen Auseinandersetzung mit dem Begriff der Hilfe (1.1.), Definitionen von Selbsthilfe(-gruppen) zusammentrage (1.2.), konkrete Charakteristika festhalte (1.3.) und ausgewählte Vorschläge der Systematisierung von Selbsthilfeformen darstelle (1.4.). Im Anschluss gehe ich Fragen der Selbsthilfeunterstützung durch Professionelle nach (1.5.), erörtere problematische und widersprüchliche Aspekte der Selbsthilfe (1.6.) und setze mich mit deren politischer Bedeutung (1.7.) sowie emanzipatorischer Ausrichtung auseinander (1.8.).

Kapitel 2 widmet sich dem Empowerment-Konzept. Zunächst gehe ich vom Machtbegriff aus (2.1.), um darauf aufbauend den Ansatz des Empowerment zu erläutern (2.2.). Schließlich verknüpfe ich Empowerment und Selbsthilfe,

---

[3] exemplarisch: vgl. Ruping (Hg.) 1993 / vgl. Neuroth 1994 / vgl. Wiegand 1999 / vgl. Wrentschur (Hg.) 1999 / vgl. Wiegand (Hg.) 2004

auch im Hinblick auf Gruppen (2.3.), und bezogen auf die Unterstützung durch Professionelle (2.4.). Abschließend fasse ich Wichtiges zusammen (2.5.).

Ein Exkurs zur Pädagogik nach PAULO FREIRE stellt in Kapitel 3 die Verbindung zum Theater der Befreiung (TdB) her, das in Kapitel 4 ausführlich dargestellt wird. Dabei zeichne ich die Entwicklung des TdB im Zusammenhang mit biographischen Eckdaten seines Begründers AUGUSTO BOAL nach (4.1.), untersuche Weiterentwicklungen im Kontext des europäischen Exils von BOAL (4.2.) und beleuchte die Philosophie sowie die Zielsetzung des Konzeptes (4.3.). Daran schließe ich die detaillierte Beschreibung der verschiedenen Techniken an (4.4.) und erörtere deren methodologische Einbindung in einen Gesamtprozess, der acht Schritte umfasst. (4.5.).

In Kapitel 5 komme ich auf die Ausgangsfragen zurück und verbinde Selbsthilfe, Empowerment und TdB, indem ich ausgehend von der Charakteristik des TdB analysiere, was es zum Empowerment im Kontext von Selbsthilfe beiträgt (5.1. – 5.8.).

Kapitel 6 beantwortet schließlich die Frage nach der praktischen Anwendung des TdB als Empowerment-Werkzeug in der Selbsthilfe. Dabei skizziere ich drei als Anregungen gedachte Möglichkeiten: Multiplikations-Seminare zum TdB für SelbsthelferInnen und UnterstützerInnen (6.1.), TdB-Gruppen als emanzipatorische Selbsthilfe marginalisierter Menschen (6.2.), und die Selbstanwendung von Selbsthilfe-Empowerment in Form des TdB durch Professionelle der Sozialen Arbeit (6.3.).

Neben der verwendeten Literatur basieren die Ausführungen auf meinen eigenen Erfahrungen mit dem TdB. Bereits im Grundstudium beschäftigte ich mich zunächst auf theoretischer Ebene intensiv mit den Ideen und Konzepten FREIRES und BOALS. Im Rahmen des studienbegleitenden Projektes konnte ich gemeinsam mit anderen Interessierten einige Techniken des TdB gewissermaßen autodidaktisch erproben, reflektieren und in Kooperation mit HauptschülerInnen ansatzweise anwenden. Des weiteren war es mir möglich, an Fortbildungs-Workshops zum TdB teilzunehmen (mit JÜRGEN WEINTZ, MICHAEL WRENTSCHUR, DIETLINDE GIPSER) und mehrfach selbst Einheiten zum

TdB anzuleiten (z.B. im zweiten Praxissemester, in einem Seminar zu konstruktiver Konfliktbearbeitung, im Schwerpunkt Erwachsenenbildung und in einem Workshop beim ersten grenzüberschreitenden Sozialforum in Freiburg).

Vorab sollen noch grundlegende und notwendige Hinweise für Klarheit sorgen:

Ich werde versuchen, in meinen Ausführungen nicht die Begriffe 'Wirklichkeit' bzw. 'Realität' zu verwenden, sondern an entsprechenden Stellen immer *'Wirklichkeiten'* bzw. *'Realitäten'* schreiben. Auf diese Weise möchte ich meiner Anerkennung der konstruktivistischen Vielfalt von Wahrnehmungen und Wahrheiten einen 'sprach-bewussten' Ausdruck verleihen. Gleichwohl distanziere ich mich deutlich von reduktionistischen Auslegungen des Konstruktivismus, die diesen auf beliebigen Relativismus verkürzen. So ist beispielsweise Unterdrückung, die Menschen als solche erfahren, nicht einfach *nur* eine Frage von Wahrnehmung und damit relativ.

Unterdrückung im Sinne der vorliegenden Untersuchung meint offensichtlichere Unterdrückungsmechanismen genauso wie subtilere Formen. Mögliche Erscheinungsformen und Folgen seien zur Verdeutlichung des Spektrums, aber ohne Anspruch auf Vollständigkeit, aufgezählt: Diskriminierung, Ausbeutung, Benachteiligung, strukturelle Gewalt, Bevormundung, Machtmissbrauch, Manipulation, Repression, Ausgrenzung, Mobbing, Verachtung, Gruppenzwang, Abhängigkeit, Gleichschaltung, Ohnmacht, Isolation, Handlungsunfähigkeit, blinder Gehorsam, Kommunikationslosigkeit, Konformismus, Emotionslosigkeit, Apathie, Monolog.

1. Selbsthilfe

"HILF DIR SELBST – SONST HILFT DIR EIN SOZIALARBEITER!"[4]

1.1. Ambivalenz des Hilfebegriffes

Die etymologische Bedeutung des aus dem Mittelhochdeutschen stammenden Verbs 'helfen' hat seine Wurzeln in der baltischen Wortgruppe 'šel̃pti', was unterstützen und fördern meint. 'Hilfe' bedeutet dementsprechend Unterstützung, Förderung und Beistand.[5]
Der Hilfe-Begriff ist von vornherein – zumindest für viele Menschen – mit einer positiven Konnotation besetzt. Hilfe steht für die 'gute' Absicht und ist ebenso wie viele andere Schlagwörter (z.B. Partizipation, Prävention, etc.) eine 'Begriffshülse mit positivem Anstrich', die mit dem gefüllt werden kann, was gerade von Nutzen erscheint. Dieses positive Image von Hilfe verstellt die kritische Frage, wer wem, wann, warum und wie hilft.
Das Verständnis und die Bedingungen von Hilfe und Helfen haben sich im Laufe der Geschichte verändert, wobei verschiedene Hilfeformen parallel existierten und teilweise noch existieren. Einige oft widersprüchliche Hilfeformen seien im Folgenden exemplarisch genannt. Hilfe kann sein:[6]

- Wechselseitige Unterstützung (Hilfe als Beistand und Begleitung zwischen Bekannten)
- Christliche Diakonie und Caritas (Hilfe als uneigennütziger, bedingungsloser Dienst und Wohltätigkeit, auch am unbekannten Nächsten)
- Mildtätigkeit und Almosenwesen (Hilfe als willkommener Anlass zur 'guten Tat' und zur Sicherung der Statusdifferenz zwischen Armen und Reichen)

[4] unbekannter Autor, zit. nach: http://www.reha-psychologie.net/witze_soz.htm (Stand 19.11.2004)
[5] vgl. DUDENREDAKTION (Hg.) 2001, Stichworte: helfen, Hilfe
[6] alle Punkte: vgl. FRIESENHAHN/GIESE 1995, S. 370 ff

- Paternalismus (Hilfe als väterliche Betreuung und zugleich strenge Kontrolle vermeintlich Unmündiger)
- Fürsorge (Hilfe als 'gütige' Gegenleistung für Wohlverhalten und Anpassung)
- Staatliche Versorgung (Hilfe als Gegenleistung für Loyalität und zur Prävention von Korruption, z.B. für Staatsbeamte)
- Anwaltschaft (Hilfe als Vertretung und Verteidigung benachteiligter Menschen)
- Empowerment (Hilfe zur Selbsthilfe)
- Organisierte Selbsthilfe (Hilfe als Selbstbefähigung).

> "Weit davon entfernt, bedingungslos zu sein, ist moderne Hilfe unverhohlen berechnend; von der sorgsamen Erwägung des eigenen Vorteils viel eher geleitet als von der besorgten Betrachtung der Not des andern. Hilfe ist auch nicht mehr Hilfe in Not, sondern Hilfe zur Beseitigung von Defiziten. Die offenbare Bedrängnis, der Hilfeschrei dessen, der in Not ist, ist kaum mehr Anlaß der Hilfe. Hilfe ist vielmehr die unerlässliche, zwingende Konsequenz einer von außen gestellten Hilfsbedürftigkeitsdiagnose. Ob jemand Hilfe braucht, entscheidet nicht mehr der Schrei, sondern der Standard der Normalität. Der Hilferufer ist seiner Autonomie als Rufer beraubt."[7]

Dieses Zitat gibt wichtige Hinweise auf den widersprüchlich-ambivalenten Charakter von Hilfe:
Erstens ist Hilfe oft auch eigennützig, das heißt, der Geber erwartet eine Form von Gegenleistung vom Empfänger bzw. positive Rückwirkungen der Hilfe für sich selbst. Die Erwartungen können von relativ unproblematischer Dankbarkeit über Rücksichtnahme auf eigene Interessen bis hin zu handfesten Vorteilen reichen. Zweitens wird Hilfe oft als Instrument zur Überwindung von vermeintlichen Mängeln verstanden, wobei drittens so genannte ExpertInnen die angebliche Hilfebedürftigkeit diagnostizieren. Sie haben die absolute Definitionsmacht, bestimmen also wem, wann, warum und wie geholfen werden muss. Zwischen den 'allmächtigen ExpertInnen' und den 'ohnmächtigen Bedürftigen' entsteht ein Machtgefälle, ein paternalistisches Verhältnis, in dem letztere von ersteren bevormundet oder gar entmündigt werden.[8]

[7] GRONEMEYER 1993, S. 171
[8] vgl. ebd., S. 188 ff

ILLICH hat die "(...) einschmeichelnde Herrschaft der entmündigenden Experten (...)"[9] ausführlich analysiert und kritisiert.

> "Die neuen Spezialisten (...) kommen gern im Namen der Liebe daher und bieten irgendeine Form der Fürsorge an. (...) Was einzig zählt, ist die Vollmacht des Experten, einen Menschen als Klienten oder als Patienten zu definieren, die Bedürfnisse dieses Menschen zu bestimmen und ihm ein Rezept auszuhändigen, das seine neue gesellschaftliche Rolle definiert. Während die Höker und Hehler in alter Zeit verkauften, was andere verschenkten, maßen die modernen Experten sich an zu entscheiden, was verkauft werden muß und nicht verschenkt werden darf."[10]

Doch selbst wenn Hilfe nicht primär von eigennützigen Interessen geleitet ist, trägt sie einen ambivalenten Charakter in sich. Durch jede noch so gut gemeinte aber einseitige Hilfeleistung entsteht immer ein asymmetrisches Verhältnis zwischen aktivem Geber und passivem Empfänger. Ob nun bewusst oder unbewusst, eine solche von Gegensätzen geprägte Konstellation verfestigt die Wahrnehmung einer scheinbar objektiven Hilfebedürftigkeit und erhält Abhängigkeiten bzw. schafft sogar neue.
Hier setzt die Idee der 'Hilfe zur Selbsthilfe' an, also einer Hilfe, die sich im günstigsten Fall selbst überflüssig macht und so zumindest längerfristige Abhängigkeitsverhältnisse vermeiden will.

1.2. Zum Begriff der Selbsthilfe

Selbsthilfe enthält den ambivalenten Begriff der Hilfe, wenngleich sie eine Sonderform von Hilfe darstellt. Über den Begriff der Selbsthilfe gab und gibt es eine definitorische Diskussion, deren ausführliche Darstellung der Zielsetzung meiner Ausführungen nicht angemessen wäre.[11] Dennoch beleuchte ich den Selbsthilfebegriff aus unterschiedlichen Richtungen, um deutlich zu machen, dass es durchaus unterschiedliche und zum Teil gegensätzliche Auffassungen vom Inhalt der 'Begriffshülse' Selbsthilfe gibt. Ich beschränke mich darauf, einige ausgewählte Definitionsansätze darzustellen und aufeinander zu beziehen.

---

[9] ILLICH 1979, S. 8
[10] ebd., S. 14 f
[11] zur profunden und kritischen Definitionsdiskussion: vgl. ROHRMANN 1999, S. 15 ff

Ausgehend vom Hilfebegriff weist der Soziologe BANGO auf die Paradoxie des Selbsthilfebegriffes hin, weil die Annahme ist, dass Hilfe von außen kommen müsse. Allerdings sei dies nur scheinbar so, weil immer "(...) Teile im Selbst vorhanden (..) [sind], die ein Hilfepotential besitzen, das nur nicht entdeckt worden ist."[12] Der Beginn der Selbsthilfe wäre demnach das (Wieder-)Auffinden bzw. die (Re-)Aktivierung dieser Potentiale.
Als Betroffener bezieht WEBERS vom Deutschen Neurodermitikerbund Bonn seine Definition auf die Kritik an expertendominierter Hilfe und hebt die gesellschaftspolitische Dimension hervor:

> "Selbsthilfe (...) ist (..) der Versuch, die Eigenverantwortung für sein Leben wiederzugewinnen. Und deshalb ist Selbsthilfe immer kritisch: gegenüber der Macht der Experten und Spezialisten und auch gegenüber dem gesellschaftlichen Umfeld, in dem diese wirken, sei es nun die rauhe Leistungsgesellschaft oder aber der versorgende Sozialstaat."[13]

Auch ROHRMANN erinnert an die herrschafts- und autoritätskritische Tradition von Selbsthilfe, die seiner Meinung nach allerdings von der gegenwärtigen Diskussion um Selbsthilfe fast vergessen sei.[14] Er schreibt:

> "Das Wörterbuch der Gebrüder GRIMM aus dem Jahr 1900 definiert 'Selbsthilfe, -hülfe ... (als) hilfe, die man sich leistet, besonders eigenmächtige hilfe mit umgehung oder im widerspruch zu der obrigkeit'."[15]

Einen fokussierten Entwurf, der nicht Selbsthilfe allgemein, sondern Selbsthilfegruppen im Besonderen definiert, hat der Psychoanalytiker und Selbsthilfeunterstützer MOELLER vorgelegt:

> "Selbsthilfegruppen (...) handeln in eigener Sache. Das ist ihr entscheidendes Merkmal. (...) Die Teilnehmer gehen nicht in die Gruppen, um anderen, sondern um sich selbst zu helfen. (...) Diese Selbstbetroffenheit macht den Wesensunterschied aus zwischen Selbsthilfegruppen auf der einen und allen Formen helfender Initiativgruppen auf der anderen Seite."[16]

Die Position MOELLERS wird von der Sozialforscherin RUNGE und dem Friedensforscher VILMAR kritisiert. Sie betonen, dass Selbsthilfe bedeutet, *selbst zu helfen*, also das Engagement für sich selbst aber auch für andere meint.

---

[12] BANGO 2001, S. 39
[13] WEBERS 1995, S. 7 f
[14] vgl. ROHRMANN 1999, S. 16 f
[15] ebd., S. 16 (Schreibweise im Original)
[16] MOELLER 1996, S. 93 f

Insofern lehnen sie eine ihrer Meinung nach verwirrende Unterscheidung in Selbst- und Fremdhilfe ab.[17] In Abgrenzung zu einem einschränkenden und damit ausgrenzenden Selbsthilfebegriff (z.B. nur Selbsthilfegeprächsgruppen im Gesundheitsbereich) fragen RUNGE und VILMAR nach dem Kern, dem Wesentlichen der Selbsthilfebewegung:

> "Nach vielen Jahren eingehender Erkundungen und Gespräche in den Gruppen sagen wir: Autonomie. Genauer: gemeinsames selbstbestimmtes Handeln. Noch genauer: autonome gesellschaftliche Gestaltung. Nicht also das Helfen, sich oder anderen, ist das Eigentliche, - nicht das Alternative, Systemkritische ist´s, - nicht die ehrenamtliche Arbeit oder der basisdemokratische Entscheidungsprozeß – das alles ist in den einen Gruppen wichtig, in anderen weniger oder gar nicht. Das alles Gemeinsame ist die grundlegende gesellschaftliche Verhaltensänderung: Nicht auf den Staat, die Ärzte, die Arbeit-'geber' warten, die schlecht oder zu spät oder gar nicht handeln, sondern selber handeln. Und nicht nur individuell, sondern gesellschaftlich-politisch, in wie kleinem Rahmen auch immer: die gemeinschaftliche selbstbestimmte Gestaltung von Lebensbedingungen."[18]

Sie plädieren – die Einheit in der Vielfalt suchend – für einen weitgefaßten Selbsthilfebegriff, den sie "(...) *Soziale* Selbsthilfe nennen, weil sie in all den Tausenden von Gruppen über bloß *private* Interessen hinausgeht."[19] Selbsthilfe in diesem Sinne bedeutet, selbstbestimmt aktiv zu werden, selbst zu helfen – sich und anderen. Insofern ist "(..) Selbsthilfe (..) eine Form des *freiwilligen sozialen Engagements* von Menschen."[20]
Ein entsprechend weit gefasstes Verständnis von Selbsthilfegruppen hat das INSTITUT FÜR SOZIALWISSENSCHAFTLICHE ANALYSEN UND BERATUNG (ISAB) formuliert:

> "Selbsthilfegruppen umfassen also ein breites Spektrum von gemeinschaftlichen Organisationsformen, deren gemeinsames Merkmal das freiwillige, selbstbestimmte und auf Eigeninitiative beruhende Engagement ihrer Mitglieder ist. Selbsthilfegruppen beschränken sich nicht auf den Typus informeller Gesprächsgruppen, in denen Gleichbetroffene gemeinsam versuchen, ihre Krankheiten und ihre psychischen und sozialen Probleme zu bewältigen. Selbsthilfegruppen umfassen alle selbstorganisierten Aktivitäten von Menschen, die aktiv auf wahrgenommene Defizite im eigenen Lebensbereich reagieren und auf solidarische Weise gemeinsam Lösungen für besondere Lebenssituationen und Lebenskrisen anstreben."[21]

---

17 vgl. RUNGE/VILMAR 1993, S. 44 f
18 ebd., S. 41
19 ebd., S. 42 (Hervorhebungen im Original)
20 WOHLFAHRT 1995, S. 27 (Hervorhebungen im Original)
21 ISAB KÖLN-LEIPZIG 1995, S. 12

Zusammenfassend kann festgehalten werden, dass bei allem Für und Wieder der einzelnen Definitionen stets ein definitorisches Dilemma auftaucht: entweder ist der Begriff zu eng gefasst und blendet damit bestimmte Formen der Selbsthilfe aus oder aber er ist zu weit gefasst und gleitet ins Beliebige ab.

1.3. Konkretisierung der Selbsthilfe-Merkmale

Der Versuch, die passende Definition von Selbsthilfe zu finden, ist für die vorliegende Untersuchung nicht von primärem Interesse. Weil für die weiteren Ausführungen insbesondere unterbelichtete Bereiche des Selbsthilfeverständnisses erhellend sein könnten, gehe ich von einem weiten Selbsthilfe (-gruppen)-begriff aus. Zunächst werde ich den Blick auf einige spezifische Merkmale von Selbsthilfe lenken.
Wird Selbsthilfe gemeinsam mit anderen und für andere Menschen gelebt, so ist von Sozialer Selbsthilfe die Rede. Vier notwendige Merkmale für Soziale Selbsthilfe sind nach RUNGE und VILMAR:

- "Autonomie: Handeln aufgrund selbstbestimmter Vereinigung von Bürgern, nicht veranlaßt und geleitet von einer Organisationszentrale;
- Selbstgestaltung: Handeln als freiwilliges Mitgestalten, nicht nur Mitbestimmung gesellschaftlicher Tatbestände – sei es als Ergänzung, sei es als Reform von oder als Alternative zu bestehenden Sozialstrukturen;
- Solidarität (Sozialengagement): Handeln nicht nur für sich, sondern auch für andere bzw. für ein größeres Gemeinsames, - ein Gemeinwohl, mit dem Ziel einer alternativen, herrschaftsfreien und solidarischen Lebensordnung;
- Betroffenheit: Handeln in einem überschaubaren, von den Handelnden kompetent mitgestaltbaren gesellschaftlichen Bereich in der Lebens- oder Arbeitswelt."[22]

Weitere vier, nicht essentielle Merkmale kommen oft hinzu:

- "Graswurzelrevolution: Handeln, um Gesellschaft durch Selbstveränderung und alternative Formen des Zusammenlebens und –arbeitens zu verändern;
- Basisdemokratie: Handeln aufgrund direkt-demokratischer Entscheidungsbildung;

[22] RUNGE/VILMAR 1993, S. 46

- Kooperationsbereitschaft: Handeln, das die kritische Zusammenarbeit mit kooperationswilligen Verwaltungen und Verbänden nicht ausschließt (häufig sogar voraussetzt) – vor allem die finanzielle Förderung (Umverteilung von sozialstaatlichen Mitteln) von seiten des Staates;

- Subsidiarität (Dezentralisierung): Handeln, das sozialstaatliche Leistungen nicht zu ersetzen, sondern umzugestalten versucht; durch Abbau zentralistischer Sozial- und Kulturverwaltungen, Aufbau dezentraler, autonomer, gesellschaftlicher Selbstorganisation oder Mitarbeit aktiver Bürger."[23]

Auch wenn diese Wesensmerkmale teilweise sehr normativ-utopisch ausgerichtet sein mögen (z.B. herrschaftsfreie Gesellschaft als Ziel), so erscheint mir die systematische Charakterisierung bei allen Grenzen dennoch sinnvoll, weil sie eine Handlungsorientierung für die Selbsthilfepraxis sein kann. Da sich Selbsthilfe von Ambivalenz und Widersprüchen[24] nicht freimachen kann, ist meines Erachtens eine kontinuierliche Selbstüberprüfung der eigenen Praxis am Maßstab der eigenen Ideale notwendig. Nicht, um diese dogmatisch zu erfüllen, sondern damit die Richtung stimmt – nicht mehr aber auch nicht weniger.

Mit MÜLLER denke ich, dass der Wesenskern von Selbsthilfe(-gruppen) ihr Versuch ist, persönliche Betroffenheit (dies kann auch empfundene Solidarität sein), Engagement in der Gruppe und politischen Ausdruck im Alltag wieder zusammenzubringen und nicht wie gewohnt, getrennt zu behandeln.[25]

Eine sicherlich fundamentale Charakteristik aller Selbsthilfe(-gruppen) ist deren selbstbestimmte Entscheidung, nicht passiv auf 'bessere Zeiten' oder 'Veränderungen von oben' zu warten, sondern eigenverantwortlich aktiv zu werden. Man könnte dies auch 'Selbst-Veränderung herrschender Zustände durch tätige Kritik von unten' nennen. Insofern ist Selbsthilfe aktiv-kreativ und konstruktiv-kritisch.

---

[23] RUNGE/VILMAR 1993, S. 46 f

[24] siehe 1.6. Probleme und Grenzen der Selbsthilfe, S. 23

[25] vgl. MÜLLER 1993, S. 9 f

1.4. Kategorien und Organisationsformen von Selbsthilfe

Soziale Selbsthilfe gliedert sich nach RUNGE und VILMAR in folgende sechs sich überschneidende Bereiche: Lebenswelt (Wohnen und Umwelt), Arbeitswelt, Freizeit/Bildung/Kultur, Benachteiligte, Diskriminierte und Behinderte/Kranke.[26]

Selbsthilfebereiche mit Beispielen

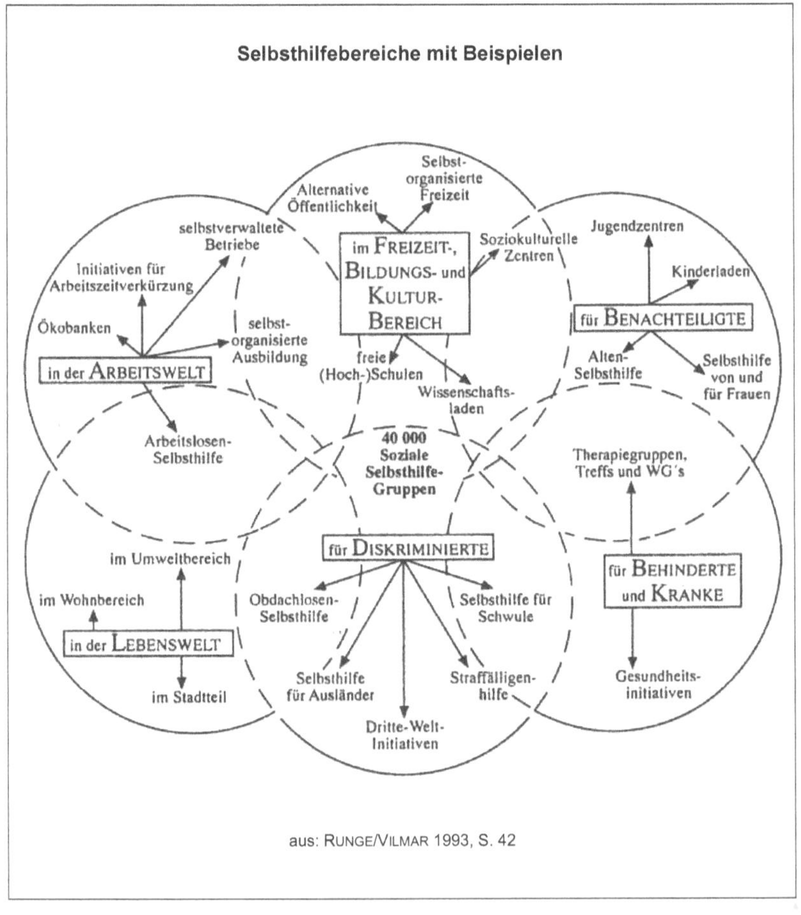

aus: RUNGE/VILMAR 1993, S. 42

[26] vgl. RUNGE/VILMAR 1993, S. 42

Alternativ benennt ISAB KÖLN-LEIPZIG insgesamt 38 Selbsthilfeteilbereiche, die wiederum neun Selbsthilfebereichen zugeordnet sind. Überschneidungen sind auch hier vorhanden.

vgl. ISAB KÖLN-LEIPZIG 1995, S. 18 / Grafik: T.H.

Entsprechend unterschiedlicher Merkmale wie z.B. Aktivitäten, Motive der Mitglieder, Gruppengröße, Grad der Außenorientierung, etc. werden folgende Typen von Selbsthilfegruppen unterschieden:

> "Selbsthilfegruppen von Betroffenen (Typ 1) sind innenorientiert und klein. (...) Die in der Regel durch dasselbe Anliegen oder Problem verbundenen Mitglieder helfen sich weitgehend gegenseitig. (...) Die außenorientierten Selbsthilfegruppen (Typ 2) sind auf sich selbst orientiert, wenden sich aber auch an andere Betroffene (Nichtmitglieder). Ihre Leistungen werden in einer deutlichen Arbeitsteilung zwischen aktivem Kern und den Mitgliedern erbracht. (...) Die Selbsthilfeinitiativen (Typ 3) konzentrieren sich weniger auf die Sinnsuche/Deutungsänderung oder auf gegenseitige Hilfe wie die Gruppen des Typs 1 oder 2, sondern sind – in weitem Sinn – sozialpolitisch orientiert: In ihnen engagieren sich Menschen aus Selbstbetroffenheit oder aus solidarischer Betroffenheit und aus dem Interesse, sich für eine Verbesserung sozialer und gesundheitlicher Situationen einzusetzen und anderen Menschen zu helfen ('neue Ehrenamtlichkeit'). (...) Alle Selbsthilfegruppen engagieren sich in unterschiedlichem Maße in den neun Selbsthilfebereichen."[27]

Auf lokaler und regionaler Ebene können Selbsthilfegruppen in regelmäßigen Abständen bei einem Gesamttreffen ihre Erfahrungen austauschen sowie gemeinsam reflektieren und agieren.[28] Viele Selbsthilfegruppen und -initiativen sind in landes- und/oder bundesweiten Dachverbänden bzw. Selbsthilfeorganisationen (z.B. Deutsche Rheuma-Liga) organisiert und/oder Mitglied bei einem der Wohlfahrtsverbände, wobei hier der Deutsche Paritätische Wohlfahrtsverband (DPWV) dominiert. Außerdem können Selbsthilfegruppen und -verbände in Landesarbeitsgemeinschaften der Selbsthilfe mitwirken. Des weiteren wird die Selbsthilfebewegung von der Deutschen Arbeitsgemeinschaft Selbsthilfegruppen e.V. (DAG SHG e.V.) mit der angegliederten Nationalen Kontakt- und Informationsstelle zur Anregung und Unterstützung von Selbsthilfegruppen (NAKOS), sowie von der Stiftung MITARBEIT unterstützt. Auf lokaler Ebene stehen für SelbsthilfeinteressentInnen, -gruppen und -unterstützerInnen bereits in vielen Städten Selbsthilfekontaktstellen zur Verfügung, die vielfältige Informations-, Organisations-, Koordinations-, Beratungs- und Fortbildungsaufgaben wahrnehmen. Die Kontaktstellen wiederum sind in Landesarbeitsgemeinschaften der Selbsthilfe und Landesarbeitsgemeinschaften von Selbsthilfekontaktstellen vertreten.[29]

---

[27] ISAB KÖLN-LEIPZIG 1995, S. 14 f

[28] vgl. MOELLER 1996, S. 303

[29] vgl. KETTLER 1995, S. 316 ff

Aufgrund von Hochrechnungen wird die Zahl der lokalen Selbsthilfegruppen in der Bundesrepublik Deutschland auf 70.000 bis 100.000 geschätzt. Allerdings ist davon auszugehen, dass Gruppen unberücksichtigt bleiben, wenn sie aufgrund zu enger Definitionen nicht als Selbsthilfegruppen gelten oder aber wenn sie sich selbst nicht als solche verstehen und deswegen 'unsichtbar' existieren.[30] Dazu zählen z.B. Wohnungslosengruppen, Arbeitsloseninitiativen, Sozialhilfegruppen, Gruppen von SchwarzarbeiterInnen, etc., die zwar faktisch Selbsthilfe leisten, welche aber oft nicht als solche wahrgenommen[31] wird. Da sich diese Gruppen folglich auch nur selten mit der 'Selbsthilfe-Szene' identifizieren, fühlen sie sich tendenziell eher anderen Organisationen zugehörig (z.B. Bundesinitiative wohnungsloser Menschen e.V.) oder existieren völlig autonom.[32]

1.5. Kooperation mit Professionellen

Im Sinne einer 'Hilfe zur Selbsthilfe' hat sich die Zusammenarbeit zwischen Professionellen (z.B. SozialarbeiterInnen, PädagogInnen, ÄrztInnen, PsychologInnen, etc.) und Selbsthilfe(-gruppen) etabliert, die insbesondere von den Selbsthilfekontaktstellen koordiniert und organisiert wird.
Nach MOELLER ist das regelmäßige Gesamttreffen von Selbsthilfegruppen einer Region ein möglicher Ort der Kooperation. Er führt auch einige Beispiele für die Unterstützung von Selbsthilfegruppen durch Professionelle an, von denen folgende exemplarisch genannt seien:[33]

- Gründung neuer Gruppen anregen
- Gruppen beraten
- Arbeitstechniken vermitteln
- Selbsthilfe-Konzepte weiterentwickeln und bekanntmachen.

---

[30] vgl. MATZAT 1999, S. 205
[31] GILLICH (2002) zeigt anhand eindrücklicher Beispiele auf, wie durch mittelschichtorientierte Selbsthilfevorstellungen die spezifischen Formen von Selbsthilfe wohnungsloser Menschen ignoriert, verkannt bzw. nicht toleriert werden. Diese Beobachtungen sind meines Erachtens auch auf andere Gruppen benachteiligter Menschen übertragbar.
[32] vgl. BREMEN 1991, S. 162 ff / vgl. GILLICH 2002, S. 170 ff
[33] vgl. MOELLER 1996, S. 335 ff

Bei aller Unterstützung von Selbsthilfeaktivitäten durch Professionelle besteht immer die potentielle Gefahr, dass die Selbsthilfe der Betroffenen behindert oder gar verhindert wird.

> "Unter der griffigen Formel 'Hilfe zur Selbsthilfe' kann sich (..) leicht jene Logik verbergen, nach der sich eine professionelle Arbeit aus Gründen der Bestandssicherung immer wieder als wichtig und unverzichtbar darstellen und sich im Gros der helfenden Berufe behaupten muß. "Sich-überflüssig-Machen" – zentraler Bestandteil einer gelingenden Selbsthilfegruppen-Unterstützung durch professionelle Helfer – wird damit ausgesprochen schwierig."[34]

BALKE erläutert dies genauer und benennt als grundlegendes Problem der professionellen SelbsthilfeunterstützerInnen deren fehlendes Vertrauen in die Eigenverantwortung der einzelnen Betroffenen und in die Funktionsfähigkeit der Gruppe. Als Ursache vermutet er die unbewusste Angst der UnterstützerInnen, durch Teilen oder gar Abgeben der Verantwortung und damit Macht, ihre ExpertInnenrolle zu verlieren.[35] Auch MOELLER weist auf diese Problematik hin und bemerkt, "(...) daß professionelle Helfer im Abnehmen von Aktivität und Verantwortung ungewöhnlich schnell bei der Hand sind. Das ist nun einmal unsere déformation professionelle, unsere berufliche Verbogenheit."[36] Damit ein selbsthilfefördernder Anspruch in der Kooperation dennoch verwirklicht werden kann, bedarf es verschiedener Voraussetzungen. Ein erster Schritt in die richtige Richtung ist ein (selbst-)kritisches Bewußtsein der SelbsthilfeunterstützerInnen über ihre "(...) permanente Gratwanderung zwischen Förderung von Autonomie und Erzeugung von Abhängigkeiten."[37] Ein zweiter Schritt ist die Orientierung der professionellen Unterstützung an den Werten der Selbsthilfe. Diese sind als Ziel und Weg zugleich zu verstehen:

> "Selbstverantwortung, Selbstentwicklung, Gleichgestelltheit, Freiwilligkeit, gemeinsames Handeln, Sozialveränderung, politische Mündigkeit (...) [sowie] Authentizität/Echtheit, Solidarisierung, Selbstbestimmung und Hoffnung."[38]

Unweigerlich stellt sich die Frage, wie sich diese gewissermaßen ethische Grundhaltung in der methodischen Unterstützungspraxis niederschlägt.

---

[34] THIEL 1991, S. 31
[35] vgl. BALKE 1991, S. 22 f
[36] MOELLER 1996, S. 205
[37] BALKE 1991, S. 23
[38] THIEL 1991, S. 32

THIEL nennt als geeignete Ansätze u.a. eine "(...) nicht-direktive Beratung, gemeinschaftliche Beratungsformen, reaktives Handeln (...)"[39].
Es geht also im Wesentlichen um eine verbindliche aber zurückhaltende Begleitung auf Anfrage, ein sensibles und solidarisches 'Dabei-Sein', ein geduldiges und hoffnungsvolles Vertrauen in die Kraft der Selbsthilfe. Das Empowerment-Konzept[40] eröffnet hier vielversprechende Perspektiven.

1.6. Probleme und Grenzen der Selbsthilfe

Einige Probleme, welche die Begleitung von Selbsthilfe durch Professionelle betreffen, wurden bereits dargestellt. Daneben gibt es zahlreiche gruppeninterne Schwierigkeiten. Beispielsweise haben MOOS-HOFIUS und RAPP ausführlich die alltäglichen Probleme, wie z.B. hohe Fluktuation der Mitglieder, plötzliches unbegründetes Wegbleiben Einzelner, die informelle, nicht-legitimierte Leitung durch einzelne TeilnehmerInnen, etc. beschrieben und reflektiert.[41] Hinzu kommt, dass eine Verwirklichung bestimmter Ideale (z.B. keine Hierarchie) in der Praxis oftmals an den Gewohnheiten der Gruppenmitglieder scheitert. Auf diese Weise werden eigentlich unerwünschte Strukturen produziert.

> "Selbstkritik, Reflexion, Selbstevaluation der Arbeit sind nicht unbedingt die Stärken von Selbsthilfeinitiativen und auch nicht Thema bei gemeinsamen Sitzungen. Oft macht die eigene Sozialisation einen Strich durch die innovativen Ansätze, und ein Kampf 'gegen' verstellt häufig genug die Sicht auf das 'Wohin'."[42]

Wenn sich andererseits eine Selbsthilfegruppe zu intensiv mit sich selbst beschäftigt, besteht grundsätzlich die Gefahr der Isolation und des Rückzuges.

> "In der zum Selbstzweck verkommenen Therapiegruppe wird die Erfahrung zur Therapieerfahrung und die Welt zur Therapiewelt. Diese Art von 'Heilserfüllung' ('Nur in meiner Therapiegruppe kann ich so sein, wie ich bin') kann den Blick für Möglichkeiten und Anstrengungen, zu anderen, mehr alltäglich-sozialen und auch politischen Problemlösungswegen zu gelangen, zukleistern."[43]

[39] THIEL 1991, S. 33
[40] siehe 2. Empowerment in der Selbsthilfe, S. 29
[41] vgl. MOOS-HOFIUS/RAPP 1993, S. 189 ff
[42] FUß/STARK 1989, S. 72
[43] EHRENFORTH 1984, S. 143

Mit dieser zugespitzten Kritik will EHRENFORTH nicht die Bedeutung von therapeutisch-gesprächsorientierten Selbsthilfegruppen als 'Schonraum' schmälern. Vielmehr kommt es ihm darauf an, vor einer Psychologisierung sozioökonomischer und gesellschaftlich-politischer Ursachen von Problemlagen zu warnen. Denn wenn Kontexte ausgeblendet werden, verkommt Selbsthilfe zur bloßen Symptombehandlung und hemmt somit die grundsätzliche Auseinandersetzung mit Ursachenkomplexen. Die Notwendigkeit von Systemveränderungen wird auf diese Weise verschleiert.

> "Damit wird Selbsthilfe zur privaten Endstation, und die Politiker sind beruhigt, daß alles wieder seine Ordnung findet."[44]

Die gewissermaßen systemkonforme Ausrichtung von Selbsthilfe liegt ohne Zweifel im Interesse des Staates, der seine Kontrolle vornehmlich über gezielte finanzielle Förderung der kooperationsbereiten Selbsthilfe sichert. Durch diese Einflussnahme kann aus selbstbestimmter sehr schnell fremdbestimmte Selbsthilfe werden. EHRENFORTH hat diese Zusammenhänge an Beispielen aus Berlin deutlich aufgezeigt.[45] Staatliche Instanzen ziehen sich aus ihren originären Verantwortungsbereichen zurück und Selbsthilfe muss als 'billiger Lückenbüßer' herhalten. Die Aufforderung, sich selbst zu helfen, ist dann nichts anderes mehr als ein neoliberales 'Jeder ist seines Glückes Schmied!' – in anderen Worten: die "(...) Individualisierung des Selbsthilfegedankens (…) [mit der] Gefahr, dass der emanzipatorische Charakter verloren geht."[46] STEINER hat diese missbräuchliche Instrumentalisierung von Selbsthilfe und ihre Folgen treffend beschrieben:

> "Zwar geben die Konservativen in ihrer neoliberalen Ausrichtung vor, sie würden dem Bürger Selbstverantwortung in die eigenen Hände legen. Wir kennen alle die augenblickliche Diskussion, man müsse den Staat zurückdrängen und die Selbstverantwortung des Einzelnen stärken. Wer aber genau hinsieht, erkennt, dass hier ein Vorwand benutzt wird, um die sozialen Sicherungssysteme zu demontieren – genau wissend, dass in diesem Dschungel der sogenannten Selbstverantwortung der Staat den Mächtigen freie Entfaltung zu Lasten der Ohnmächtigen zubilligt. Auf der Strecke bleiben die Schwächeren in einer Gesellschaft. Und ihnen werden indirekt dadurch die Dinge, die sie anpacken könnten, aus der Hand genommen."[47]

---

[44] EHRENFORTH 1984, S. 144
[45] vgl. ebd., S. 143 ff
[46] GILLICH 2002, S. 171
[47] STEINER 1999, S. 134

1.7. Politische Bedeutung von Selbsthilfe

Selbsthilfe hat verschiedene, miteinander zusammenhängende und sich wechselseitig beeinflussende Bedeutungsdimensionen (z.B. lebenspraktisch, therapeutisch, sozial, politisch). Nach WOHLFAHRT gestaltet sich dieser Zusammenhang folgendermaßen: Menschen, deren Identität z.B. durch Arbeitslosigkeit, Krankheit, etc. bedroht oder beschädigt ist, finden in Selbsthilfegruppen den Freiraum für neue Erfahrungen mit sich selbst und anderen. Dieser Prozess der Identitätsklärung hat auch therapeutische Wirkungen und fördert persönliches Wachstum. Darüber hinaus werden durch die intensive Auseinandersetzung in der Gruppe eigene und gemeinsame Interessen und Vorstellungen deutlicher, die aktiv nach außen vertreten werden.[48]
Die einzelnen Dimensionen von Selbsthilfe lassen sich nicht voneinander trennen und jede hat ihren eigenen Stellenwert. Trotzdem möchte ich nachfolgend nur die politische Bedeutung näher beleuchten, da diese für die weiteren Überlegungen am wesentlichsten ist.
Dass Selbsthilfe auch ein politisches Thema ist, zeigt sich in ihren bereits beschriebenen Merkmalen (autoritäts-, herrschafts- und systemkritisch, selbstbestimmt und -organisiert, solidarisch und alternativ). Dass gerade dieser explizit politische Charakter durch folgenreiche Individualisierung und Instrumentalisierung von Selbsthilfe potentiell gefährdet ist, wurde ebenfalls skizziert.
Wenn von der politischen Bedeutung der Selbsthilfe die Rede ist, liegt in der Regel ein ganz bestimmtes Politikverständnis zugrunde. Demnach muss "Politik (...) in den konkreten Nöten der Menschen [verwurzelt sein] (...) [und] dem Alltag entspringen."[49] So verstandene Politik ist im ursprünglichen Sinne radikal[50]. Politisches Bewußtsein und Handeln entwickelt sich folglich zunächst aus (solidarischer) Selbstbetroffenheit; es "(..) wächst (...) aus der Keimzelle persönlicher Erfahrung in den sozialen und politischen Zusammenhang hinein."[51]

---

[48] vgl. WOHLFAHRT 1995, S. 172
[49] MOELLER 1996, S. 87 f
[50] radikal im Sinne von 'an die Wurzeln gehend' (von lateinisch: radix = Wurzel)
[51] MOELLER 1996, S. 89

> "Das Persönliche wird zum Politischen. (...) [Da der Einzelne] nicht von sich absieht, ist die langfristige Kontinuität und Motivation garantiert, die überhaupt erst den mühsamen und zähen Prozeß einer Erweiterung und Veränderung des Bewußtseins bewirken kann."[52]

Indem sich einzelne Menschen durch ihre Beteiligung in Selbsthilfegruppen verändern, werden sie potentiell zu Veränderern sozialer Strukturen – innerhalb wie außerhalb der Gruppen. Der Weg der Selbstemanzipation von Menschen ist der Übergang vom fremdbestimmten und daher passiven Objektstatus zur Rolle des aktiven und selbstbestimmten Subjekts eigenen Handelns. Diese Erfahrung wirkt auch nach außen. Es besteht eine dialektische Verbindung zwischen Selbstveränderung und sozialer bzw. gesellschaftlicher Veränderung. Beide bedingen und befördern sich gegenseitig.[53]

FUß und STARK benennen und diskutieren drei wesentliche Einflussmöglichkeiten der Selbsthilfebewegung auf gesellschaftliche Entwicklungen: Aufgreifen und Einbringen von Konflikten und Themen (z.B. "Entkoppelung von Einkommen und Erwerbsarbeit, von Erwerbsarbeit und Identitätsstiftung"[54]), Einfordern und Nutzen von Partizipation (als Teilnahme und Teilhabe) und Umsetzung von konstruktiven Alternativen (z.B. Tauschringe).[55] Sie bemerken, dass für gesellschaftspolitische Veränderungen in heutiger Zeit nicht die Mehrheiten entscheidend sind:

> "Anders als in den Revolutionen der Vergangenheit sind nicht mehr die aktuell bewegenden Massen entscheidend. Die Revolution unserer Tage verläuft still und leise. Sie beruht auf Stimmungen, Meinungen, Überzeugungen und Handlungen im Alltag."[56]

Andererseits warnen FUß und STARK vor überzogenen Erwartungen an die Selbsthilfebewegung.

> "Man könnte den Eindruck gewinnen, wir seien auf dem besten Wege dazu, nicht mehr nur das Publikum in einem Stück abzugeben, sondern Schritt für Schritt sogar die Regie zu übernehmen. Eine Illusion, die wir nur dann entlarven können, wenn uns klar wird, daß wir nach wie vor die Rahmenbedingungen, die Arenen und die Grundausstattung für diese 'Stücke' nicht bestimmen können."[57]

---

[52] MOELLER 1996, S. 314 f
[53] vgl. ebd., S. 89
[54] FUß/STARK 1989, S. 66
[55] vgl. ebd., S. 66 ff
[56] ebd., S. 74
[57] ebd., S. 75

Diese bisher eingeschränkte Wirkung von Selbsthilfe kann als perspektivische Herausforderung aufgefasst werden. Insofern wäre eine wirkliche Mitbestimmung der Selbsthilfe an der Gestaltung gesellschaftspolitischer sowie sozioökonomischer Rahmenbedingungen ein zu verfolgendes Ziel.

1.8. Emanzipatorische Selbsthilfe

Der Sozialarbeiter STEINER bezieht, aus dem Blickwinkel des selbst betroffenen Schwerbehinderten und Aktivisten, deutlich Position:

> "Meines Erachtens muss es bei der politischen Selbsthilfe darum gehen, gesellschaftliche Missstände zu entlarven, strukturelle Gewalt gegen Menschen an den Pranger zu stellen und im Kampf durch das Wort und durch Spott am politischen Ort des Konflikts benachteiligende Wirklichkeit zu verändern."[58]

Selbsthilfe kann zu notwendigem gesellschaftlichen Wandel beitragen oder auch nicht. Der brasilianische Befreiungspädagoge FREIRE[59] hat für die Erziehung und Pädagogik im Allgemeinen erkannt, was meines Erachtens auch für Selbsthilfe gilt: Es gibt keine Neutralität sondern nur politische Entscheidung. Insofern ist Selbsthilfe immer politisch und muss sich entscheiden, ob ihre 'Politik' die menschliche (Selbst-)Befreiung in den Mittelpunkt stellt oder Menschen in Abhängigkeit hält. Allerdings sind die Ausgangsbedingungen für eine politische Selbsthilfe aufgrund der Fremdbestimmung großer Teile der Bevölkerung nicht günstig.

> "Die Menschen müssten angesichts der Sozialdemontage, der Arbeitslosigkeit, der Umverteilung von unten nach oben politische Selbsthilfe in unterschiedlichster Form praktizieren, aber sie tun es nicht, weil man ihnen 'die Uhr' abgenommen hat und ihnen sagt, 'wie spät es ist'."[60]

Die Antwort der Selbsthilfe auf diese Realitäten muss ihre emanzipatorische Ausrichtung sein. Um die zitierte Metapher weiterzuführen: emanzipatorische Selbsthilfe ist sowohl Kritik und Skepsis gegenüber fremden 'Zeitansagen' als auch und zugleich die Rückeroberung bzw. Wiederentdeckung der 'eigenen Uhren'. Mögliche Wege in diese Richtung zeigt das Empowerment-Konzept auf.

---

[58] STEINER 1999, S. 135
[59] siehe 3. Exkurs: Pädagogik der Unterdrückten, S. 39
[60] STEINER 1999, S. 135

2. Empowerment in der Selbsthilfe

"MÖGEN HÄTT' ICH SCHON WOLLEN, ABER DÜRFEN HAB' ICH MICH NICHT GETRAUT!"[61]

- KARL VALENTIN -

Die Betrachtung der Selbsthilfe aus der Perspektive des Empowerment scheint eine wesentliche Voraussetzung für ihre emanzipatorische Prägung zu sein. Dabei sollen zwei Aspekte genauer betrachtet werden: Entwicklungen, die in Selbsthilfegruppen stattfinden und die Art und Weise der Selbsthilfeunterstützung. Doch zunächst stellt sich die Frage, was Empowerment eigentlich ist.

2.1. Macht als Schlüsselbegriff

Im Empowerment-Begriff steckt das englische Wort 'power', das u.a. mit 'Macht' übersetzt wird. Wie bereits beschrieben, hat Hilfe immer mit Macht zu tun. Der Helfer ist mächtig, der Hilfeempfänger ohnmächtig oder zumindest in der Machthierarchie unterlegen.
NOACK zeichnet die Zusammenhänge zwischen Helfen und Macht nach. Er ergänzt, dass soziale Arbeit darüber hinaus immer auf bereits bestehende Strukturen und Inhaber von Macht trifft. Diese lassen sich nicht leicht verändern, sind aber grundsätzlich veränderbar. Insofern ist Macht ein wiederkehrendes implizites Thema für soziale Arbeit, dem sie sich stellen muß. Empowerment ist nach NOACK die symmetrische Verteilung von Macht zwischen Professionellen und KlientInnen sozialer Arbeit.[62]

Doch was ist nun Macht? Dieser Schlüsselbegriff soll nachfolgend beleuchtet werden.

[61] VALENTIN, KARL zit. nach: http://www.zitate.de (Stand 29.04.2004)
[62] vgl. NOACK 2003, S. 4 ff

> "'Macht' stammt von dem Verb 'mögen', das ursprünglich 'können, vermögen' bedeutet. (...) 'Mächtig sein' bedeutet also zunächst einmal: in der Lage sein, imstande sein, fähig sein, Kraft haben, über die Stärke verfügen, Einfluss zu nehmen auf sich, auf andere, auf die Umwelt."[63]

Der bekannte radikaldemokratische Aktivist ALINSKY weist darauf hin, dass "(...) in der Sprache der Politik vorherrschende Wörter wie 'Macht', (...) verdreht und verfälscht (...)"[64] wurden und negativ besetzt sind. Er beschreibt die universale Wirkung von Macht in Beziehungen und Strukturen und plädiert dafür, Macht wahr- und ernstzunehmen, um bewusst damit umzugehen.

> "Macht ist eine wesentliche Lebenskraft, die immer wirkt, entweder zur Veränderung der Welt oder zur Verhinderung von Veränderung. Macht oder organisierte Tatkraft kann ein tödlicher Explosionsstoff oder ein lebensrettendes Heilmittel sein."[65]

Macht ist also nicht grundsätzlich gut oder schlecht. Es kommt vielmehr darauf an, wie sie eingesetzt wird, für was sich Menschen, die Macht ausüben, entscheiden – für Befreiung oder für Unterdrückung. Dieses akzeptierende aber kritische Machtverständnis wird von ROTHSCHUH etwas konkretisiert, wobei er sich auf zwei bedeutende Definitionen bezieht:

> "'Es geht um die Macht.' Ein solcher Satz geht uns schwer über die Lippen, weil wir lieber sagen würden, es ginge um 'Überzeugung', um 'das Recht' oder um die 'Moral'. Aber es geht eben auch um Macht. Macht in einem doppelten und spannungsreichen Verständnis: Um Macht, seinen Willen auch gegen Widerstreben durchzusetzen – das Machtverständnis der Tradition von Max Weber – und Macht als die Fähigkeit, sich mit anderen zusammen zu schließen, und im Einvernehmen mit ihnen zu handeln – so die Position von Hannah Arendt."[66]

Beide Dimensionen sind durchaus vereinbar. Macht ist dann individuelles Durchsetzungsvermögen, das zugleich sozial gebunden ist. Durch den sozialen Rahmen kann Macht potenziert, aber auch kontrolliert werden. Davon gehen sowohl Selbsthilfe als auch Empowerment aus.

---

[63] BUER 1994, S. 44
[64] ALINSKY 1984, S. 36
[65] ebd., S. 38
[66] ROTHSCHUH 2004, S. 31

2.2. Empowerment-Konzept

Der mittlerweile auch im Kontext Sozialer Arbeit fest etablierte Empowerment-Begriff steht für einen fundamentalen Paradigmenwechsel: weg von der Defizitorientierung – hin zu einem Denken und Handeln, das von Stärken und Kompetenzen ausgeht. In anderen Worten geht es um die (Wieder-)Entdeckung von Selbsthilfepotentialen.
Der Psychologe STARK fasst die Ergebnisse einiger Untersuchungen und Studien (z.B. von RAPPAPORT und ZIMMERMAN) zusammen und nennt als "(...) Schlüsselkategorie für Empowerment (...) das *Bewußtsein, Situationen oder Ereignisse prinzipiell beeinflußen zu können* (...)"[67], ihnen nicht ausgeliefert zu sein. Er weist zudem darauf hin, dass Empowerment "(...) ein Verständnis von struktureller, politischer Macht (..) mit persönlichem Wachstum, individueller und sozialer Weiterentwicklung und Emanzipation (...)"[68] vereint. STARK bemerkt darüber hinaus, dass die Übersetzung "(...) 'to empower' – jemanden ermächtigen, (...) etwas zu tun [und] 'to be empowered' – ermächtigt oder befugt sein, (...) etwas zu tun (...)"[69], das Verständnis von Empowerment passiviert und reduziert.
Nachfolgend werde ich Empowerment in einem umfassenden und aktiven Sinne verstehen und entweder den englischen Begriff oder alternativ den Begriff Selbstbemächtigung verwenden.
Nach eingehender Diskussion und Analyse unterschiedlichster definitorischer Vorschläge anderer Autoren schlägt HERRIGER folgende Arbeitsdefinition vor:

> "Der Begriff 'Empowerment' bedeutet Selbstbefähigung und Selbstbemächtigung, Stärkung von Eigenmacht, Autonomie und Selbstverfügung. Empowerment beschreibt mutmachende Prozesse der Selbstbemächtigung, in denen Menschen in Situationen des Mangels, der Benachteiligung oder der gesellschaftlichen Ausgrenzung beginnen, ihre Angelegenheiten selbst in die Hand zu nehmen, in denen sie sich ihrer Fähigkeiten bewußt werden, eigene Kräfte entwickeln und ihre individuellen und kollektiven Ressourcen zu einer selbstbestimmten Lebensführung nutzen lernen. Empowerment – auf eine kurze Formel gebracht – zielt auf die (Wieder-)Herstellung von Selbstbestimmung über die Umstände des eigenen Alltags."[70]

67 STARK 1996, S. 131 (Hervorhebungen im Original)
68 ebd., S. 156
69 ebd., S. 17
70 HERRIGER 2002, S. 18

Empowerment hat einen prozesshaften Charakter, d.h. es geht um Entwicklungen, die durchaus auch auf Umwegen mit Brüchen und Sprüngen verlaufen können bzw. müssen.

STARK stellt auch anhand von Beispielen aus der Praxis ausführlich dar, dass Prozesse der Selbstbemächtigung auf verschiedenen Ebenen stattfinden. Dies sind die:

- intrapersonale Ebene (bezogen auf Einzelpersonen),
- interpersonale Ebene (bezogen auf Gruppen)
- strukturelle Ebene (bezogen auf größere Bewegungen, Organisationen oder die Gesamtgesellschaft).

Die Zusammenwirkung der Prozesse auf diesen miteinander zusammenhängenden Ebenen, erzeugt sich gegenseitig verstärkende und ressourcenerweiternde Synergieeffekte.[71]

Einen gewissermaßen idealtypischen Verlauf eines Empowermentprozesses beschreibt HERRIGER in einem Bild:

> "Menschen verlassen die ausgetretenen Pfade erlernter Hilflosigkeit. Sie gewinnen – gemeinsam mit anderen – Zuversicht, sie werden zu Aktivposten in der Gestaltung lokaler Lebensverhältnisse und gehen auf eine gemeinsame Reise in die Stärke, in deren Verlauf sie mehr und mehr zu einem Machtfaktor auf der Bühne der lokalen Öffentlichkeit werden und die lokale sozialpolitische Landschaft verändern."[72]

In Folge arbeitet er zwei Bedeutungen der Selbstbemächtigung heraus, die vom Konzept politischer Selbsthilfe[73] bereits bekannt sind:

> "Diese kollektiven Abschiede von der Ohnmacht verändern zum einen die soziale Landschaft der Lebenswelt (Sozialveränderung: politisches Empowerment). Sie verändern zum anderen aber auch das Selbstkonzept und die Selbstwert-Erfahrung der Akteure (Selbstveränderung: psychologisches Empowerment)."[74]

Es kommt also auf die Zusammenhänge und Wechselwirkungen an: sowohl zwischen den Prozessen der Selbstbemächtigung auf den verschiedenen Ebenen, als auch zwischen der Selbst- und der Sozialveränderung als Weg und Ziel dieser Prozesse.

---

[71] vgl. STARK 1996, S. 128 ff
[72] HERRIGER 2002, S. 190
[73] siehe 1.7. Politische Bedeutung von Selbsthilfe, S. 25
[74] HERRIGER 2002, S. 191

Zusammenfassend seien an dieser Stelle nochmals charakteristische Wesensmerkmale der Selbstbemächtigung in knapper Form dargestellt. Empowerment bedeutet:

- Orientierung an und Vertrauen in Stärken, Fähigkeiten und Ressourcen
- Selbstorganisation, Eigenverantwortung und Selbstbestimmung
- Mut zu offenen Prozessen
- Glaube an die Gestaltbarkeit von Kontexten
- Erfahrung von Selbstwirksamkeit und Gestaltungsfähigkeit
- solidarische Aktion in Gemeinschaft
- individuelle und kollektive Einmischung in Politik und Gesellschaft
- emanzipatorisches Engagement für Selbst- und Sozialveränderung

Bei all diesen Aspekten ist der Weg auch immer schon das Ziel, d.h. Empowerment geht zumindest von Ansätzen dieser Merkmale aus, ist aber auch gleichzeitig die (Weiter-)Entwicklung dieser Merkmale. Die Zielsetzung von Selbstbemächtigung lässt sich dann in drei Punkten konkretisieren, die idealerweise gleichermaßen angestrebt werden:

- Entwicklung eines stabilen Selbstbewusstseins, eines positiven Selbstwertgefühls und einer sicheren Selbstüberzeugung
- Entwicklung einer analytischen und kritischen Wahrnehmung des gesellschaftspolitischen Kontextes
- Entwicklung von Fähigkeiten und Ressourcen für politische und soziale Aktion[75]

Der amerikanische Gemeindepsychologe KIEFFER nennt das Zusammenspiel dieser drei Dimensionen die "(...) 'Evolution des Ermöglichens', in der das Selbst sich als Subjekt, als Autor der eigenen Lebensgeschichte konstituiert."[76]

Nachfolgend sollen 'Prozesse des Mächtigwerdens' zum einen in Selbsthilfegruppen und zum anderen bezüglich der Selbsthilfe-Unterstützung weiterverfolgt werden.

[75] vgl. KIEFFER 1984, zit. nach HERRIGER 2002, S. 185
[76] ebd.

2.3. Empowerment-Prozesse in Selbsthilfegruppen

Wenn RUNGE und VILMAR als eine gemeinsame Zielrichtung von Selbsthilfe die "(...) Wiederaneignung dessen, was der Obrigkeits- und Wohlfahrtsstaat uns an soziokultureller Kompetenz weggenommen, 'abgenommen' hat (...)"[77], herausstellen, so überschneidet sich dies mit der Zielrichtung des Empowerment, verstanden als Selbstbefreiung von Fremdbestimmung, kurz: Emanzipation.

> "Die Arbeit in Selbsthilfegruppen kann eine hervorragende Basis für Empowermentprozesse darstellen, ist jedoch nicht automatisch mit Empowerment gleichzusetzen."[78]

Diese Differenzierung von STARK deutet darauf hin, dass Selbsthilfegruppen faktisch zwar immer schon Empowerment-Elemente kultivieren, weil sie die eigenmächtige, selbstbestimmte und aktive Gestaltung von Beziehungen, Situationen und Strukturen erfahrbar machen. Allerdings reproduzieren Selbsthilfegruppen unbewusst oftmals genau die Verhältnisse, die sie eigentlich verändern möchten. So gibt es durchaus Gruppen mit informeller autoritärer Leitung, die nicht legitimiert ist.[79] Dadurch werden Empowermentprozesse wesentlich erschwert oder gar verhindert.[80]
Als weiteren Aspekt unterstreicht STARK, dass "(...) im Rahmen von Empowermentprozessen die Themen und Diskussionen in politische Zusammenhänge hinein erweitert sind."[81] Dies entspricht der politisch-emanzipatorischen Ausrichtung von Selbsthilfe, die nicht jede Selbsthilfegruppe automatisch bzw. von vornherein hat. Klar ist, dass es die selbstbestimmte Entscheidung jeder einzelnen Gruppe ist und bleibt, wie sehr sie ihre Arbeit politisch ausrichten möchte. Wenn Selbsthilfe allerdings nicht nur 'Reparaturunternehmen' und 'Lückenbüßer' mit den beschriebenen Folgen[82] sein will, muss sie sich auch nach außen orientieren und sich aktiv in Politik und Gesellschaft einmischen.

---

[77] RUNGE/VILMAR 1993, S. 43
[78] STARK 1996, S. 123
[79] siehe 1.6. Probleme und Grenzen der Selbsthilfe, S. 23
[80] vgl. STARK 1996, S. 164 f
[81] ebd., S. 123
[82] siehe 1.6. Probleme und Grenzen der Selbsthilfe, S. 23

Es wäre also eine oberflächliche und vereinfachende Betrachtungsweise, Selbsthilfe mit gelungenem Empowerment gleichzusetzen. Selbsthilfe ist nicht gleich Empowerment – Selbsthilfe braucht Empowerment. Die Wirkung von Selbstbemächtigung im Rahmen von Selbsthilfegruppen kann wie folgt dargestellt werden:

Selbsthilfegruppen leben von der Überzeugung, gemeinsam stark zu sein. Andererseits zeigt die Erfahrung, dass Gruppen oft nur so stark wie ihr schwächstes Glied sind. Empowerment löst dieses Dilemma, indem jedes Gruppenmitglied lernt, die eigenen Stärken und Fähigkeiten sowie auch diejenigen der anderen – insbesondere der vermeintlich Schwächsten – wahr- und ernstzunehmen. Durch diesen Paradigmenwechsel wird sich die Gruppe ihres reichhaltigen Potentials an Kompetenzen und damit ihrer Macht bewusst. In diesem Klima können Stärken wachsen. Im weiteren Verlauf dieses 'Mächtigwerdens' der Einzelnen und damit der Gesamtgruppe, klären sich die individuellen, sowie auch die kollektiven Bedürfnisse und Anliegen der Gruppe. Dieser zunächst gruppeninterne Klärungsprozess ist der erste Schritt, auf den – aus der Empowerment-Perspektive – ein zweiter folgen muss: die klare Artikulation und standhafte Vertretung der gruppeneigenen Interessen nach außen – gegenüber Gesellschaft, Politik und Wirtschaft.

2.4. Empowerment als Konzept für Selbsthilfeunterstützung

Mit Selbsthilfeunterstützung ist nachfolgend die personelle Förderung der Selbsthilfe gemeint. Es geht um die Kooperation zwischen Selbsthilfegruppen und Professionellen aus verschiedenen Bereichen (z.B. Medizin, Psychologie, Sozialarbeit, etc.).

Wie bereits ausführlich dargestellt wurde, ist die notwendige Zielsetzung der UnterstützerInnen, sich zumindest tendenziell selbst überflüssig zu machen, in der Praxis ein schwieriges Unterfangen.[83] Es besteht die potentielle Gefahr, dass 'Hilfe zur Selbsthilfe' als 'Selbsthilfe zum Selbsterhalt der unterstützenden Professionen' instrumentalisiert wird.

[83] siehe 1.5. Kooperation mit Professionellen, S. 21

Der angemessene Umgang mit diesen Risiken ist meines Erachtens ein (selbst-)kritischer, der insbesondere im Empowerment-Ansatz zum Ausdruck kommt:

> "Die Rolle der professionellen HelferInnen wird dabei nicht grundsätzlich in Frage gestellt, wohl aber ihre versteckte Macht."[84]

Die Grundvoraussetzung für das Anstoßen und Fördern von Empowermentprozessen durch Professionelle, ist deren intensive Auseinandersetzung mit ihren eigenen Ressourcen. Nur wenn SelbsthilfeunterstützerInnen sich ihrer eigenen Fähigkeiten bewusst werden und darauf vertrauen, können sie dies auch bei anderen Menschen.[85]

Eine weitere essentielle Grundlage für eine Selbsthilfeunterstützung im Sinne von Selbstbemächtigung ist die Arbeit an einer möglichst symmetrischen, partnerschaftlichen Arbeitsbeziehung zwischen allen am Empowermentprozess Beteiligten. Die notwendige Voraussetzung dafür: Mitglieder von Selbsthilfegruppen wie auch deren professionelle UnterstützerInnen "(...) definieren sich nicht über ihre beruflichen Rollen, sondern über ihre Kompetenzen (...)"[86], wodurch jeder von jedem lernen kann. Die Bedeutung dieses dialogischen, wechselseitigen Lernens und Sich-Veränderns hat FREIRE[87] beschrieben. Einen weiteren wichtigen Hinweis gibt STARK:

> "Empowerment können Professionelle nicht 'geben', sondern ist ein Prozeß, der aktiv 'genommen' werden muß."[88]

Trotzdem können professionelle SelbsthilfeunterstützerInnen durchaus Empowermentprozesse anstoßen und fördern. Empowerment bedeutet dann "(...) Aktivierung von Selbsthilfe-Potentialen statt passivierende fremdbestimmte Lösungsmuster (...)".[89]

STARK entwickelt aufgrund der Analyse vieler Beispiele aus der Praxis eine Reihe von Bedingungen für die Unterstützung von Prozessen des Empowerment durch Professionelle. Ein für die weiteren Ausführungen wichtiger Aspekt sei kurz genannt: UnterstützerInnen von (Selbsthilfe-)Empowerment

---

[84] STARK 1996, S. 31
[85] vgl. ebd., S. 181 ff
[86] SCHWEIZER 2001, S. 12
[87] siehe 3. Exkurs: Pädagogik der Unterdrückten, S. 39
[88] STARK 1996, S. 164
[89] BALKE/THIEL 1991, S. 10

sollten in ganzheitlichem Denken und Handeln vielfältige Zusammenhänge zwischen individuellen, gruppenbezogenen und strukturellen Ebenen herstellen und auf diese Weise synergetische Wechselwirkungen fördern. Eine konkrete Möglichkeit hierfür sind gemeinsame Fortbildungsangebote für Professionelle und VertreterInnen der Selbsthilfegruppen sowie Informationsveranstaltungen mit geladenen Gästen aus verschiedenen Bereichen.[90]

2.5. Zusammenfassung und methodische Konsequenzen

Selbstbemächtigungsprozesse beginnen mit einer Schwierigkeit. Bekanntlich fällt es Menschen zumeist leichter – bei sich selbst und bei anderen – Schwächen, Probleme, Defizite und Fehler zu entdecken und zu benennen, anstatt Stärken, Ressourcen und Kompetenzen deutlich zu machen. Diesen Paradigmenwechsel wirklich zu vollziehen und in der Praxis fest zu verankern, ist aber der unbedingte Ausgangspunkt für Wege des Empowerment – auch in der Selbsthilfe.
Darüber hinaus muss Selbsthilfe-Empowerment immer auch die gesellschaftlich-politischen sowie die sozio-ökonomischen Bedingungen und Verhältnisse im Blick haben und notwendige Veränderungen dieser Kontexte genauso anstreben, wie die Selbstveränderung.
Selbsthilfe-Empowerment braucht Zeit, Freiräume, Vertrauen in sich und andere Menschen, Mut zu Veränderungsprozessen, die oftmals nicht von vornherein plan- und kontrollierbar sind, sowie das Gehen neuer, kreativer Wege – wobei diese manchmal erst beim Gehen entstehen.

Empowerment ist nicht als Methode, sondern vielmehr "(...) als Grundhaltung oder professionelle Identität (...)"[91] zu verstehen. Die "(...) veränderte Arbeitshaltung muß sich, um Praxisrelevanz zu erlangen, auch in den Handlungen der Professionellen niederschlagen können; sie muß also zu einer erfolgreichen und zielorientierten professionellen Arbeit beitragen."[92] Hier stellt sich die Frage nach Methoden, die der Philosophie der Selbstbemächtigung im Selbsthilfe-Kontext entsprechen bzw. diese umsetzen können.

[90] vgl. STARK 1996, S. 167 ff
[91] ebd., S. 117
[92] ebd., S. 205

In der vorliegenden Untersuchung wird diese Frage in Bezug auf das Theater der Befreiung (TdB) von BOAL analysiert.

Doch bevor dieser Schritt vollzogen wird, soll ein Exkurs die Brücke zwischen den bisherigen und den folgenden Ausführungen schlagen. Gegenstand des Exkurses ist die 'Pädagogik der Unterdrückten' von FREIRE, die das Empowerment-Konzept wesentlich mitgeprägt hat[93] und auch die Basis für BOALS Theatersystem bildet.

[93] vgl. HERRIGER 2002, S. 32

3. Exkurs: Pädagogik der Unterdrückten

"ICH BIN SO EINE ART 'WANDERPREDIGER DES OFFENSICHTLICHEN' GEWORDEN."[94]

- PAULO FREIRE -

PAULO FREIRE (1921-1997) gilt als einer der wichtigsten Pädagogen der Gegenwart, seine 'Pädagogik der Unterdrückten' ist weltbekannt und hat viele Menschen und Bereiche – weit über das Feld der Pädagogik hinaus – nachhaltig geprägt. Seine Theorie einer 'Bildung als Praxis der Freiheit' hat er auf der Basis praktischer Alphabetisierungsarbeit in seiner Heimat Brasilien aber auch in vielen anderen Ländern entwickelt, reflektiert und in vielen Publikationen veröffentlicht.[95]

> "(...) [Die] Pädagogik der Unterdrückten (..) [ist] eine Pädagogik, die mit den Unterdrückten und nicht für sie (Individuen oder ganze Völker) im unablässigen Kampf um die Wiedergewinnung ihrer Menschlichkeit gestaltet werden muß. Diese Pädagogik macht die Unterdrückung und ihre Ursachen zum Gegenstand der Reflexion der Unterdrückten, und aus dieser Reflexion heraus wird ihr notwendiges Engagement im Kampf um ihre Befreiung wachsen. Im Kampf wird diese Pädagogik immer neu geschaffen werden."[96]

FREIRES Pädagogik ist also kein abgeschlossenes, 'fertiges' Modell mit starren und allgemeingültigen Theorien, Methoden, Konzepten oder Rezepten sondern ein Prozess, der gestaltbar ist und sich weiter entwickeln muss. Die Unterdrückten emanzipieren sich in diesem Prozess selbst und können dabei solidarisch unterstützt werden. Durch die Veränderung unterdrückerischer Realitäten wird eine der Verantwortung und Solidarität verpflichtete Freiheit angestrebt. FREIRE warnt vor der potentiellen Gefahr, dass Unterdrückte zu neuen Unterdrückern werden, d.h. dass die Positionen im System bloß umgekehrt werden. Sein Ziel ist die kontinuierliche und nachhaltige Veränderung des Systems, das die Unterdrückung jeglicher Art braucht und sie deshalb produziert.[97]

---

[94] FREIRE 1981, S. 85
[95] vgl. SIMPFENDÖRFER 1991, S. 4 ff
[96] FREIRE 1998, S. 35 f
[97] vgl. ebd., S. 32 ff

Die Basis für FREIRES Grundgedanken bildet seine ausführliche und kritische Analyse der Realitäten und Mechanismen der Unterdrückung, wobei er davon ausgeht, dass es verschiedene, oftmals subtile Erscheinungsformen von Unterdrückung (z.B. paternalistisch-bevormundende 'Hilfe') gibt. Er beschreibt, wie die Unterdrückten oftmals die Unterdrückung, die sie erfahren, reproduzieren. Sie würden die Unterdrückung eher an Schwächere weitergeben, als gegen die Urheber und Ursachen der Unterdrückung zu rebellieren. Das Bewusstsein der Unterdrückten sei von aufoktroyierten Mythen der Unterdrücker (z.B. Armut ist selbstverschuldet) gewissermaßen kolonialisiert. 'Kultur des Schweigens' nennt er die hoffnungslose Sprachlosigkeit der Unterdrückten angesichts einer bereits verinnerlichten und unveränderlich erscheinenden Unterdrückung. Die permanente, zermürbende Ohnmachtserfahrung werde oftmals sogar als 'gottgegeben' oder 'schicksalsbestimmt' hingenommen.[98]

Ausgehend von dieser Analyse formuliert FREIRE, dass Pädagogik niemals neutral sein könne. Je nachdem für was sie sich entscheide, diene sie entweder der Befreiung oder der Unterdrückung von Menschen.

> "(...) Tätigkeit und Aufgabe des Pädagogen sind und bleiben immer politische, ob er sich dessen bewußt ist oder nicht. In meinen Augen ist ein Pädagoge dann ein guter Pädagoge, wenn er begriffen hat, daß sein Handeln immer politisches Handeln ist und er Schritt für Schritt bewußter seine Aufgaben in engagierter Weise wahrnimmt."[99]

Eine emanzipatorische Pädagogik müsse sich von den Methoden der Unterdrückung (z.B. gutgemeinte Bevormundung) lossagen. Zur Befreiung könnten nicht die pädagogischen Instrumente der Unterdrücker dienen. FREIRE analysiert und kritisiert in diesem Zusammenhang vor allem das 'Bankiers-Konzept' der Erziehung. Damit ist die Reduzierung der angeblich unwissenden Schüler auf 'Behälter' (Objekte) gemeint, die dann vom scheinbar allwissenden Lehrer mit 'Wissensspareinlagen' gefüllt werden. Genau hier setzt die Alternative FREIRES an, wenn er als Voraussetzung der befreienden Bildungsarbeit die Auflösung des Lehrer-Schüler-Widerspruchs fordert, damit beide gleichzeitig

[98] vgl. FREIRE 1998, S. 48 f
[99] FREIRE 1981, S. 98

sowohl Schüler als auch Lehrer werden. Dies impliziere aber einen Dialog zwischen dem 'Lehrer-Schüler' und dem 'Schüler-Lehrer'.[100]

> "Der Lehrer ist nicht länger bloß der, der lehrt, sondern einer, der selbst im Dialog mit den Schülern belehrt wird, die ihrerseits (...) auch lehren. So werden sie miteinander für einen Prozeß verantwortlich, in dem alle wachsen."[101]

Der Dialog ist ein Grundprinzip in FREIRES Pädagogik. Wahrhaftiger Dialog brauche als Voraussetzungen die Liebe für die Welt und die Menschen als Akt des Mutes und der Freiheit, die Demut gegenüber anderen, den Glauben an die Menschen und die Hoffnung. Dialog auf dieser Basis sei horizontal ausgerichtet und lasse Vertrauen zwischen den im Dialog stehenden Partnern wachsen. Dazu müssten auch die Worte mit den Taten übereinstimmen. Ein weiteres Merkmal für echten Dialog sei das kritische Denken.[102]
Inhalt des dialogischen Lehr-Lern-Prozesses müssen die 'generativen Themen' der Unterdrückten sein. Darunter versteht FREIRE die Themen, welche die Betroffenen wirklich betreffen und bewegen. Diese Themenkomplexe seien meist mit Grenzsituationen verknüpft, also Situationen, in denen Menschen ihre Beschränkungen und Abhängigkeiten konkret erfahren. Es gehe nun darum, die Grenzsituationen kritisch zu reflektieren, wobei die Vorgehensweise der Kodierung und Dekodierung hilfreich sei. Dazu wird einem bestimmten generativen Thema (z.B. Arbeitslosigkeit) eine konkrete Ausdrucksform (z.B. als kurze Theaterszene) gegeben, es wird kodiert. Diese verschlüsselte Darstellung – gewissermaßen die 'Re-Präsentation' des generativen Themas – rege zur kritischen Analyse, der Dekodierung an. Auf diese Weise komme ein Prozess der Bewusstwerdung (brasilianisch-portugiesisch: conscientização) in Gang, durch den die Menschen Ursachenzusammenhänge von Unterdrückung erkennen und sich selbst, sowie insbesondere die Welt als veränderbar wahrnehmen. Aus scheinbar unüberwindbaren Mauern der Unterdrückung werden so überwindbare Schranken, die eine Herausforderung darstellen.[103]

> "Begreifen (..) [die Unterdrückten] eines Tages diese Situation als Grenze zwischen Sein und Menschlicher-Sein und nicht mehr als Grenze zwischen Sein und Nichts, dann beginnen sie ihre zunehmend kritischen Aktionen darauf abzustellen,

[100] vgl. FREIRE 1998, S. 57 ff
[101] FREIRE 1998, S. 65
[102] vgl. ebd., S. 72 ff
[103] vgl. ebd., S. 79 ff

die unerprobte Möglichkeit, die mit diesem Begreifen verbunden ist, in die Tat umzusetzen."[104]

Auf die Bewusstwerdung müssen weitere Schritte folgen. FREIRE insistiert, dass kontinuierliche und nachhaltige Veränderung unterdrückerischer Verhältnisse nur durch das Handeln (Aktion) geschehen kann, welches mit dem Denken (Reflexion) eine dialektische Einheit bilden muß.[105]

"Getrennt von der Praxis gerät die Theorie zum einfachen Verbalismus; getrennt von der Theorie wird die Praxis zum blinden Aktionismus. Deshalb gibt es kein glaubwürdigeres Handeln außerhalb der dialektischen Einheit von Aktion/Reflexion, Praxis/Theorie. Ebenso kann es einen wirklichen 'theoretischen Kontext' nur in der dialektischen Einheit mit dem 'konkreten Kontext' geben."[106]

Wirkliche und wirksame Veränderungsprozesse gestalten sich folglich als ständige Spiralbewegung der Reflexion-Aktion-Reflexion-Aktion-usw. mit dem Ziel der Emanzipation. Der Weg der reflektierenden Aktion bzw. der aktiven Reflexion ist ein Empowermentprozess: Menschen, die miteinander im Dialog stehen, entwickeln sich selbst von fremdbestimmten, passiven Objekten zu selbstbestimmten, eigenmächtigen Subjekten des eigenen Handelns. Sie werden GestalterInnen der eigenen Geschichte sowie auch der sozialen, ökonomischen und politischen Kontexte.

"'Pädagogik der Befreiung' heißt also: Die eigenen Erfahrungen, Interessen, Perspektiven 'wiederentdecken', Mut zu sich selber und zum Selberdenken entwickeln, die Sprachlosigkeit überwinden und eine eigene Sprache erlernen, die 'Kultur des Schweigens' zu ersetzen durch eine Kultur der Einmischung."[107]

Gemäß FREIRE können diese Empowermentprozesse nicht durch Methoden der Unterdrücker (z.B. gut gemeintes aber bevormundendes Helfen) angestoßen werden, sondern bedürfen neuer Werkzeuge. Ein solches ist das 'Theater der Unterdrückten' (= Theater der Befreiung) nach BOAL, der es nach FREIRES Pädagogik benannt hat. FREIRE selbst nannte BOALS Theater eine mögliche Umsetzung seiner Pädagogik.[108]

---

[104] ebd., S. 85
[105] vgl. FREIRE 1998, S. 105 ff
[106] FREIRE 1981, S. 54
[107] SIEBERT 2002, S. 93
[108] vgl. GIPSER 1991, S. 65

4. Theater der Befreiung (TdB)

"DEM ZUSCHAUER, FEHLT DIE POWER, ICH ERKLÄR' DAS AUCH GERN MAL GENAUER:
WER NUR EWIG KONSUMIERT, WIRD BALD SEHN' DASS HIER NIX MEHR PASSIERT."[109]

- QUETSCHENPAUA -

Theater nach BOAL ist viel mehr als nur Theater im traditionellen und konventionellen Verständnis. Es hat das enge Verständnis und den engen Rahmen von Theater gesprengt.

> "Das Theater der Unterdrückten ist eine weltweite, gewaltlose und ästhetische Bewegung, die sich für einen Frieden ohne Passivität einsetzt. (...) Auf Grund seines humanistischen und demokratischen Charakters wird es in aller Welt umfassend eingesetzt, in allen sozialen Bereichen wie: Bildung, Kultur, Politik, Sozialarbeit, Psychotherapie, Alphabetisierungsprogrammen sowie der Gesundheitsförderung."[110]

TdB will mit den Mitteln des Theaters in den Lebensalltag intervenieren und überschreitet dabei die Grenzen zwischen Theater, Pädagogik, Politik, Psychologie und Soziologie. Sein gewissermaßen interdisziplinärer, transprofessioneller Ansatz integriert scheinbar unvereinbare Bereiche und generiert somit Synergieeffekte. Das TdB ist als Bewegung konsequenterweise auch immer in Bewegung. Es hat sich im Laufe der Zeit und im Kontext der diversen Anwendungsbereiche in über 50 Ländern weiterentwickelt. Viele Menschen haben das Gesicht dieses Theaters mitgeprägt und unterschiedliche Praxen begründet. Die wesentlichen Impulse zur methodischen Weiterentwicklung sind jedoch unmittelbar mit der Biographie seines Begründers AUGUSTO BOAL verknüpft.[111]

---

[109] aus dem Lied 'Dem Zuschaua fehlt die Paua' des autonomen Berliner Akkordeon-Künstlers QUETSCHENPAUA (MC Live 1991, Transkription: T.H)
[110] ITO 2004, S. 68
[111] vgl. BAUMANN 2001, S. 5

4.1. Biographie und Werk[112]

AUGUSTO BOAL (geb. 1931 in Rio de Janeiro) studierte in den frühen 1950er Jahren Chemie und Theaterwissenschaften in New York. Nach der Rückkehr in sein Geburtsland Brasilien übernahm er 1956 die künstlerische Leitung des 'Teatro de Arena' in São Paulo und inszenierte politisch-aufklärerische Agitationsstücke. In selbstkritischer Abgrenzung vom letztlich unterdrückerischen, weil bevormundenden Agit-Prop-Theater[113], entwickelte BOAL zunehmend verschiedene Formen des Volkstheaters[114], das eher kritische Fragen aufwarf, als dogmatische Antworten zu geben.
Als Reaktion auf den Staatsstreich 1964 und die daraus folgende Diktatur entstand das Zeitungstheater[115]. Während der zweiten Militärdiktatur wurde BOAL 1971 von der Geheimpolizei verhaftet und gefoltert. Dank internationaler Proteste kam er nach drei Monaten frei und konnte das Land verlassen.
Während seines Exils in Argentinien entwickelte er das Unsichtbare Theater[116], da es auch hier immer schwieriger wurde, sich öffentlich kritisch zu äußern. Im Jahre 1973 arbeitete er für mehrere Monate mit seinem Landsmann PAULO FREIRE in einem peruanischen Alphabetisierungsprojekt. In dieser Zeit entwickelte BOAL auch folgende Techniken und Formen: Simultane Dramaturgie[117], Statuen-/Bildertheater[118] und Forumtheater[119]. Zurück in Argentinien begann er seine praktischen Erfahrungen zu systematisieren und zu publizieren. Als sich die politische Situation in Argentinien ebenfalls verschärfte, verließ er Lateinamerika im Jahre 1976. Sein Leben im Exil führte ihn über Portugal nach Frankreich, wo er 1979 in Paris das CEDITADE (Centre d´étude et de diffusion des techniques actives d´expression – Zentrum zum Studium und zur Verbreitung aktiver Ausdruckstechniken) gründete, das 1985 in CTO Paris (Centre du Théâtre de l´opprime – Zentrum des Theaters der Unterdrückten) umbenannt wurde. In der Zeit zwischen 1978 und 1986 war BOAL in ver-

---

[112] zum gesamten Kapitel 4.1.: vgl. NEUROTH 1994, S. 52 ff / vgl. AXTER 2001, S. 16 ff
[113] Agit-Prop-Theater = Theater, das der belehrenden Agitation und Propaganda dient.
[114] weiterführend zu Volkstheaterformen: vgl. BOAL 1989, S. 17 ff
[115] siehe 4.4.2. Zeitungstheater, S. 53
[116] siehe 4.4.3. Unsichtbares Theater, S. 55
[117] Vorstufe zum Forumtheater: eine offenes Szene wird gemäß der verbalen Vorschläge des Publikums zu Ende geführt (vgl. BOAL 1989, S. 51 ff)
[118] siehe 4.4.4. Statuentheater/Bildertheater, S. 56
[119] siehe 4.4.6. Forumtheater, S. 59

schiedenen Ländern Europas aktiv und hinterließ Spuren. Diese Zeit hat auch in seinem Schaffen Spuren hinterlassen, da er mit neuen Rahmenbedingungen konfrontiert wurde.

> "Es ist eine andere Unterdrückung, und zu ihrer Abschaffung sind andere Mittel erforderlich (...). Wenn die Unterdrückung subtiler, schwerer durchschaubar ist, dann müssen auch die Mittel zu ihrer Bekämpfung subtiler sein."[120]

BOAL adaptierte und modifizierte seine Arbeitsweise und entwickelte seine Ansätze weiter. Es entstanden die so genannten prospektiven und introspektiven Techniken[121]. Nach dem Ende der Militärdiktatur, konnte er im Jahre 1986 nach Brasilien zurückkehren und in einem schulischen Ausbildungsprogramm für MultiplikatorInnen der Kulturarbeit mitarbeiten. 1989 gründete er das CTO-Rio (Centro de Teatro do Oprimido – Zentrum des Theaters der Unterdrückten). 1991 fand in Paris das erste, 1993 in Rio de Janeiro das zweite internationale Forumtheatertreffen statt.
In Rio de Janeiro war Boal von 1993 bis 1996 gewählter Abgeordneter der Arbeiterpartei (PT) im Stadtparlament. In dieser Zeit erarbeitete und erprobte er mit dem Team des CTO-Rio das Legislative Theater[122]. Im Jahre 1994 würdigt die UNESCO seine Arbeit mit der Pablo-Picasso-Medaille, 1996 erhält er gemeinsam mit PAULO FREIRE die Ehrendoktorwürde der Universität Nebraska. Neben seiner Tätigkeit in Brasilien ist BOAL weiterhin zeitweise im CTO Paris, hält Vorträge und leitet weltweit Seminare.
In den letzten Jahren hat sich die ITO (International Theatre of the Oppressed Organization – Internationale Organisation des Theaters der Unterdrückten) gebildet (www.theatreoftheoppressed.org). Insbesondere mit dem Medium Internet wird versucht, ein weltweites Netzwerk zu schaffen. Dies soll den Austausch zwischen PraktikerInnen des TdB, seine Verbreitung, sowie die Qualitätsentwicklung durch Aus- und Fortbildung fördern.[123]
BOAL hat sich und sein Theater im Wandel von Raum und Zeit weiterentwikkelt. Dabei wurde sein Werk auch stets vom Wirken anderer Personen – insbesondere KONSTANTIN STANISLAWSKI, BERTOLT BRECHT, PAULO FREIRE und JAKOB LEVY MORENO – beeinflusst.

---

[120] BOAL 1989, S. 68
[121] siehe 4.4.5. Prospektive und introspektive Techniken, S. 58
[122] siehe 4.4.7. Legislatives Theater, S. 63
[123] vgl. ITO 2004, S. 69

4.2. Konzeptionelle und methodische Erweiterung

Während seines Exils in Europa entdeckte BOAL, dass Unterdrückung neben den ihm aus Lateinamerika bekannteren Formen, *auch* in anderen, *oftmals* subtileren Mechanismen auftritt.

> "Ich traf auf Immigranten, Lehrer, Arbeiter, Frauen und Männer, auf Menschen, die unter Unterdrückungsformen litten, die mir aus Lateinamerika wohl vertraut waren: Rassismus, Sexismus, unzumutbare Arbeitsbedingungen, geringer Lohn, polizeilicher Machtmissbrauch und so weiter. Aber in diesen Workshops des Theaters der Unterdrückten kamen auch Formen der Unterdrückung zur Sprache, die mir neu waren: Einsamkeit, die Unfähigkeit mit anderen zu kommunizieren, die Angst vor der Leere. (...) Ich begann, mir das Leiden von Menschen vorzustellen, die ihrem Leben aus Angst vor Leere oder vor Einsamkeit ein Ende setzen wollen. Ich fasste den Entschluss, diese Formen von seelischer Unterdrückung ernst zu nehmen und dagegen zu arbeiten."[124]

Als Konsequenz entwickelte BOAL mit anderen Menschen zusammen die prospektiven und introspektiven Techniken, die insbesondere der Bewusstmachung internalisierter Unterdrückung dienen.

> "Somit kann von einer Adaption des 'Theaters der Unterdrückten' auf die europäischen Verhältnisse gesprochen werden. Adaption impliziert hierbei die Erweiterung der politischen Theatermethoden um den psychosozialen Bereich. (...) Dabei ist die Hinwendung zum therapeutischen Theater nicht als Abgrenzung zum politischen Theater zu bewerten, sondern beide Aspekte sind vielmehr als Bestandteile sich ergänzender und ineinander übergehender Teilbereiche des Boal-Theaters zu verstehen."[125]

Die Weiterentwicklung seiner Methoden und Konzepte brachte BOAL dem therapeutischen Theater und insbesondere dem Psychodrama nach JAKOB LEVY MORENO näher. Seine Arbeit grenzt er jedoch nach wie vor vom Theater als Therapie ab. So möchte er mit seinen Techniken nicht explizit unter- bzw. unbewusste Prozesse auslösen, wie dies im Psychodrama der Fall ist. Er selbst schließt zwar nicht aus, dass durch seine Arbeit 'Unter- bzw. Unbewusstes' angesprochen und aktiviert werden könne, dies sei jedoch kein erklärtes therapeutisches Ziel des TdB.[126]

---

[124] BOAL 1999, S. 21
[125] NEE 2000, S. 6
[126] vgl. FELDHENDLER 1992, S. 56

> "So gibt es nicht, wie im Psychodrama und insbesondere im analytischen Psychodrama, die Ausdeutung eines Individuums, die ja auf eine Therapie hinausläuft. Ich gehe zwar im 'Theater der Unterdrückten' auch aus von individuellen, besonderen Situationen, aber meine Geschichte zielt hier nicht auf das Besondere, Einzigartige, sondern auf das, was daran generalisierbar ist, aufs Allgemeine. (...) Das ist der Unterschied zwischen der Therapie, die sich um die individuellen Anteile kümmert, und dem Prozeß, den das 'Theater der Unterdrückten' darstellt. Es ist möglicherweise therapeutisch, aber niemals Therapie."[127]

Des weiteren stellt das TdB die psychosozialen Realitäten immer auch in einen gesellschaftspolitischen Zusammenhang.

> "(...) [Ein Mann wurde] krank (..), weil er seinen Arbeitsplatz verloren hatte und keinen neuen finden konnte. Die Arbeitslosigkeit und die damit verbundenen psychischen Probleme und Spannungen haben in ihm eine Neurose entstehen lassen. Er ließ sich behandeln und wurde von der Neurose geheilt. Das Problem der Arbeitslosigkeit war damit allerdings nicht gelöst. (...) Man kann psychische Probleme nicht von sozialen Problemen trennen. Sie sind beide eng miteinander verknüpft. Die Gesellschaft ist nichts Abstraktes. Man kann nicht eine Neurose behandeln und die Situation des Patienten belassen, wie sie ist. Auch die Situation muß 'behandelt' werden."[128]

BOAL hat erkannt, was MORENO mit den Zwischengliedern im Bereich der Überschneidung von Theater und Therapie beschrieben hat.[129] Er geht inzwischen bewusst damit um und weiß die Zusammenhänge zu nutzen, ohne sein Ziel aus den Augen zu verlieren. Dieses ist im Kern gleich geblieben, wurde jedoch erweitert: Die gesellschaftliche und politische Veränderung von unterdrückerischen Strukturen – unter Berücksichtigung und Einbeziehung der psychosozialen Realitäten der Betroffenen.

Wie bereits dargestellt, basiert das TdB auf Veränderungen – auch auf sich selbst bezogen. BOAL versteht seine Theaterformen als Vorschläge und Entwürfe, die von den Menschen, die mit ihnen arbeiten, erweitert werden sollen und müssen! Es "(...) bietet keine Befreiungsrezepte an, keine vorgefertigten Lösungen (...) [sondern] heißt Auseinandersetzung mit einer konkreten Situation, es ist Probe, Analyse, Suche."[130]

---

[127] BOAL im Interview mit RUPING 1993, S. 335
[128] BOAL im Interview mit THORAU 1989, S. 164 f
[129] vgl. FELDHENDLER 1992, S. 108 ff
[130] BOAL 1989, S. 68

Im Mittelpunkt steht für BOAL der Mensch, der sich des TdB wie eines Werkzeuges bedienen solle. Wichtig ist, dass das Werkzeug den Menschen angepasst wird, nicht umgekehrt.

> "Im Theater der Unterdrückten sind die Betroffenen, die Unterdrückten das Subjekt und das Theater ist ihre Sprache."[131]

Nachfolgend möchte ich diese 'Sprache' lesbar machen. Dazu beschreite ich den Weg vom Allgemeinen zum Besonderen und zurück: von der 'Grammatik' dieser 'Sprache', d.h. die Prinzipien dieses Theatersystems, über einzelne 'Vokabeln', d.h. die Techniken und Formen, bis hin zu ganzen 'Sätzen', d.h. die Methodologie.

4.3. Prinzipien und Ziele

BOAL versteht das TdB analog zu FREIRES Pädagogik als ein Theater, das nicht *für* die Unterdrückten, sondern *mit* ihnen arbeitet. Ziel ist, gemäß marxistischer Idee, die Übereignung der Produktionsmittel des Theaters an die Menschen.[132] Dahinter steht folgende Überzeugung:

> "Jeder kann Theater spielen – sogar Schauspieler. Überall kann Theater stattfinden – sogar im Theater."[133]

Entscheidend ist jedoch die Form des Theaters. BOAL kritisiert in diesem Zusammenhang zunächst das klassische Theater nach ARISTOTELES. Es suggeriere die Unveränderbarkeit der Welt und bevormunde die ZuschauerInnen, weil die SchauspielerInnen an ihrer Stelle denken und handeln. BRECHT stimmt er insoweit zu, als dieser die Veränderbarkeit der Welt im Theater kultiviere und die ZuschauerInnen zu eigenem, kritischen Denken herausforde-re. Allerdings bemängelt BOAL, dass die Aktionen weiterhin den SchauspielerInnen vorbehalten blieben.[134]

---

[131] BOAL 1999, S. 157
[132] vgl. THORAU 2003, S. 315
[133] BOAL 1989, S. 69
[134] vgl. ebd., S. 66

In konsequenter Weiterentwicklung des BRECHT'schen Theaters und im Anschluss an FREIRE "(...) begann [BOAL] die alte Beziehung Schauspieler-Zuschauer zu verachten, genauso wie jedes andere Subjekt-Objekt-Verhältnis, das einen Menschen dazu verurteilt, Zuschauer des anderen zu sein, des anderen der immer mehr zum Übermenschen, zum Menschenfeind wird."[135]

Zuschauen – im Theater wie im Alltag – ist für ihn ein Ausdruck, ein Bild der Unterdrückung. Sein Ziel ist folglich, die Menschen zu aktiver Selbstbefreiung zu befähigen, d.h. sie zu AkteurInnen – im Theater wie im Alltag – zu machen. Dazu ist aber notwendig, dass die Unterdrückten selbst ihre Wahrnehmung der Unterdrückung darstellen und ihre eigenen Schritte zur Freiheit finden und gehen. Das TdB soll sie dabei unterstützen.[136]

Zudem ist BOAL davon überzeugt, dass die Welt mit ihren Strukturen, Gesellschaften, Systemen, etc. veränderbar ist und verändert werden muss. Sein Theater soll zur Überwindung von Unterdrückung und damit zur "(...) Humanisierung der Menschheit (...)"[137] beitragen und ist auf diesem Wege "(...) Probe für die Realität"[138].

Im Rückgriff auf KARL MARX fordert BOAL:

> "Schluß mit dem Theater, das die Realität nur interpretiert; es ist an der Zeit, sie zu verändern."[139]

Die Schlüsselrolle im TdB spielt der Dialog, der im Sinne PAULO FREIRES die Voraussetzung für Bewusstwerdungsprozesse und die darauf folgende Praxis der Veränderung ist.[140]

> "In der Realität tendieren alle Dialoge dazu, sich in Monologe zu verwandeln, was zur Beziehung Unterdrücker versus unterdrückte Person führt. Ausgehend von dieser Feststellung besteht das wesentliche Prinzip des Theaters der Unterdrückten darin, den Dialog zwischen den Menschen wieder in Gang zu setzen."[141]

---

[135] BOAL 1989, S. 8
[136] vgl. ebd., S. 66 ff
[137] ITO 2004, S. 66
[138] ebd., S. 67
[139] BOAL 1989, S. 68
[140] siehe 3. Exkurs: Pädagogik der Unterdrückten, S. 39
[141] ITO 2004, S. 68

Für das tiefer gehende Verständnis der BOAL'schen Theaterkonzeption sind folgende Grundbegriffe von Bedeutung:[142]

- **ZuschauspielerInnen (spect-actors)** sind alle am TdB beteiligten Menschen, da potentiell alle passiven ZuschauerInnen zu eingreifenden AkteurInnen werden können.

  "In einer Vorstellung des Theaters der Unterdrückten kann jeder eingreifen. Auch das Nichteingreifen ist schon eine Form der Intervention. Ich beschließe, auf die Bühne zu gehen, aber ich kann mich auch entscheiden, das nicht zu tun. Ich bin es, der entscheidet. (...) Ich bin (...) ein Zuschauer der neuen Art, ein Zuschauspieler. Ich sehe und ich handle."[143]

- **Osmose** meint die gegenseitige Durchdringung intrapersonaler, interpersonaler und gesellschaftlicher Ebenen, wodurch sich politische und ökonomische Widersprüche in den psychosozialen Verhältnissen der Menschen niederschlagen und widerspiegeln.

  "Wenn wir über einen individuellen Fall sprechen, sprechen wir ebenso über die zugrunde liegenden, allgemein-gesellschaftlichen Prinzipien."[144]

  Das TdB macht diese Zusammenhänge sichtbar und initiiert Veränderungen im Kleinen, die in andere Ebenen hineinwirken können.

- **Metaxis** bezeichnet die Möglichkeit, zugleich den Realitäten des Alltags und den Fiktionen des Theaters anzugehören, wodurch Unterdrückte ihre Situation nachbilden bzw. nachspielen und dann zunächst in der Kunstwelt verändern können.

  "Wenn der Unterdrückte-Künstler in der Lage ist, eine autonome Bilderwelt zu seiner eigenen Realität zu erfinden und seine Befreiung in der besonderen Realität dieser Bilder darzustellen, dann wird er aus allem, was er in der Fiktion vollbracht hat, für sein eigenes Leben Schlüsse ziehen können. Szene und Bühne können so Übungsraum für das reale Leben sein."[145]

---

[142] alle Begriffe mit Erläuterungen: vgl. BOAL 1999, S. 47 ff / vgl. BAUMANN 2001, S. 19 ff
[143] BOAL 1999, S. 72
[144] ebd., S. 47
[145] ebd., S. 50

- **Analoge Induktion** ist der Prozess der Abstrahierung von individuellen Unterdrückungserfahrungen, damit grundlegende Muster von Unterdrükkung, die mehrere Menschen oder sogar die Gesamtgesellschaft betreffen, sichtbar und bearbeitbar werden.

  > "Das Theater der Unterdrückten ist das Theater für die erste Person Plural. (...) Wenn man ausgehend von einem Anfangsbild/einer Anfangsszene zu analogen Bildern oder Szenen fortschreiten kann, die die anderen Teilnehmer aufgrund ihrer eigenen Unterdrückungserlebnisse herstellen, und wenn man über all diese Bilder induktiv zu einem allgemeinen Modell gelangt, das nicht durch einzigartige, spezifische Details eingeengt wird, dann wird dieses Modell die allgemeinen Mechanismen von Unterdrückung enthalten."[146]

  Dieser Prozess ist die Voraussetzung dafür, dass andere Menschen von der in Bildern bzw. Szenen dargestellten Situation betroffen sind, wobei Betroffenheit von Identifikation über das Herstellen einer Analogie bis zur solidarischen Sympathie reichen kann.

- **Katharsis** im Sinne des TdB bedeutet den Abbau innerer Barrieren, die Unterdrückte an emanzipatorischen Aktionen hindern. In Abgrenzung zu anderen Formen der Katharsis (z.B. nach ARISTOTELES und MORENO), die Menschen eher von revolutionärem Verlangen reinigen, als dieses zu fördern, schreibt BOAL:

  > "Das Ziel des Theaters der Unterdrückten ist nicht Ruhe und Ausgeglichenheit, sondern ein Ungleichgewicht, das den Weg für eine Handlung vorbereitet. Sein Ziel ist die Dynamisierung. Diese Dynamisierung und die Handlung, die daraus resultiert (...) zerstört alle Blockaden, die ein ähnliches Handeln (im Alltag) verhinderten."[147]

- **Extrapolation** nennt BOAL den Transfer des im ästhetischen Raum des Theaters Erfahrenen und Erprobten in den Alltag.

  > "In Wahrheit hat das Theater der Unterdrückten kein Ende, weil alles, was darin passiert, bis in das wirkliche Leben hinausreichen muß. (...) Das Theater der Unterdrückten ist genau an der Grenze zwischen Fiktion und Realität angesiedelt, und diese Grenze muss überschritten werden."[148]

---

[146] BOAL 1999, S. 51
[147] ebd., S. 72
[148] BOAL 1993, S. 45

Denn das ausdrückliche Ziel des TdB ist die Veränderung der Menschen *und* der Realitäten *auch* außerhalb des Theaters.

4.4. Formen und Techniken

Im TdB gibt es eine spezielle Rolle – den **Joker**. Grundsätzlich kann jede Person die Joker-Rolle übernehmen. Darunter versteht man eine Person mit speziellen Funktionen.

> "Der Joker ist wie eine Hebamme für den Geist und den Körper, er muß den Ideen und den Handlungen bei der Geburt helfen."[149]

Joker haben aber keine Befugnisse, die sie über andere am Prozess des TdB Beteiligte erheben würden, wie die Bezeichnung vielleicht fälschlicherweise suggerieren könnte. Joker sind 'Lehrer-Schüler/Schüler-Lehrer' im Sinne FREIRES und damit dem Dialog verpflichtet.[150]

Sie leiten zum einen in der Gruppenarbeit die Übungen und Techniken an, haben den Gesamtprozess der Theaterarbeit im Blick und moderieren das Gruppengeschehen. In diesem Sinne sind sie Gruppenmitglieder mit besonderen Funktionen. Zum anderen sind Joker die Verbindungspersonen zwischen SchauspielerInnen und ZuschauspielerInnen, insbesondere im Forumtheater[151]. Bei größerem Publikum hat es sich in der Praxis bewährt, dass zwei Joker als eingespieltes Team (mit klarer Verteilung der jeweiligen Zuständigkeiten) gemeinsam agieren. Joker sollten dialogisch, motivierend, wertschätzend und empathisch vorgehen. Sie stellen eher Fragen, als dass sie Antworten geben.[152]

Grundsätzlich wird die Joker-Rolle immer ambivalent bleiben. Denn auch wenn Joker sehr selbstkritisch und reflektiert handeln, besitzen sie durch ihre hervorgehobene Rolle mit besonderen Funktionen eine faktische Machtposition. Dieser Macht müssen sie sich bewusst sein, um transparent und demokratisch damit umzugehen.

---

[149] BOAL 1993, S. 40

[150] siehe 3. Exkurs: Pädagogik der Unterdrückten, S. 39

[151] siehe 4.4.6. Forumtheater, S. 59

[152] vgl. BOAL 1993, S. 39 f

4.4.1. Vorbereitende Übungen und Spiele

Im TdB werden die unterschiedlichsten Spiele und Übungen eingesetzt, insbesondere um die Arbeit mit den Techniken vorzubereiten.
BOAL weist darauf hin, dass sich gesellschaftliche Rahmenbedingungen und lebensgeschichtliche Erfahrungen immer auch auf den menschlichen Körper auswirken und diesen im wahrsten Sinne des Wortes prägen. Deshalb schlägt er vor:

> "Der erste Schritt ist (...) das Bewußtwerden unseres eigenen Körpers, seiner durch den einseitigen Berufsalltag verursachten Deformationen, seiner automatisierten, mechanisierten Bewegungsabläufe. Bewußtwerden aber auch unserer Fähigkeit, Blockierungen rückgängig zu machen, umzulernen, sich harmonisch zu entfalten, den ganzheitlichen Menschen in uns zu erschaffen. (...) Wir müssen uns bewußt in Beziehung zur Umwelt erleben, zur Schwerkraft, zum Raum, wir müssen unser 'Sinnesgedächtnis' wiedererwecken, unsere Ausdruckskraft wiedererlangen."[153]

Zu diesem Zweck hat BOAL geeignete Übungen und Spiele teilweise selbst entwickelt, teilweise aus der ganzen Welt und aus verschiedenen Bereichen (z.B. Schauspieltraining nach STANISLAWSKI, Körperarbeit nach FELDENKRAIS, Pantomime-, Gestalt- und Kommunikationsübungen, Kinderspiele, etc.) zusammengetragen. Diese werden ergänzt und erweitert durch die Übungs- und Spielsammlungen anderer PraktikerInnen[154] des TdB. Inhalte und Ziele der Übungen und Spiele sind vielfältig und hängen miteinander zusammen: Erkundung des eigenen Körpers, Schärfung der Selbst- und Fremdwahrnehmung, Sensibilisierung der Sinne, Erfahrung des Raumes, Schulung der Koordination, Förderung von Gruppenintegration, Entwicklung der Improvisation, Steigerung der Ausdrucksfähigkeit (verbal und nonverbal).[155]

4.4.2. Zeitungstheater

Durch 11 Lesetechniken, die zum Teil mit szenischen Darstellungen ergänzt werden, sollen Texte wie z.B. Zeitungsartikel und politische Reden reflektiert und in einen gesellschaftlichen Kontext gestellt werden.

---

[153] BOAL 1989, S. 174
[154] exemplarisch: vgl. LETSCH 1999, S. 22 ff
[155] vgl. BOAL 1989, S. 174 ff

Die Techniken gehen vom Ergänzen durch Hintergrundinformationen über das Kontrastieren mit anderen Meldungen bis zum Verfremden und Karikieren durch pantomimische oder szenische Umsetzung der Texte. Es geht darum, die Manipulierbarkeit durch Sprache erfahrbar zu machen und scheinbare Objektivität zu entlarven.[156]

> "Ziel (...) ist es, die sogenannte 'Objektivität' des Journalismus zu decouvrieren: (...) Was nach 'Unparteilichkeit' aussieht, ist in Wirklichkeit die Fiktionstechnik der bürgerlichen Presse."[157]

HAHN, der Zeitungstheater mit Techniken des Statuen-/Bildertheaters[158] kombiniert, hat die von BOAL vorgeschlagenen Formen mit Beispielen aus heutigen Kontexten konkretisiert. Im Folgenden ein exemplarischer Auszug:

- "(...) *Vervollständigendes Lesen*: Bei dieser Methode werden notwendige Hintergrundinformationen hinzugefügt. Wenn bei einem Artikel für die Aktion 'Brot für die Welt' hinzugefügt wird, dass es immer mehr Millionäre gibt, wird eine erweiterte politische Dimension der Problematik aufgezeigt.

- *Gekoppeltes Lesen*: Nachrichten in Zeitungen, die sich widersprechen oder sich gegenseitig aufheben, werden zusammengebracht und ergeben somit einen anderen Sinn. Oftmals genügt es schon, Nachrichten gegenüberzustellen. Zwei Meldungen über ein Flüchtlingslager auf der kanarischen Ferieninsel Fuerteventura und einen Reisebericht miteinander in Verbindung zu bringen, kann zum Nachdenken anregen. (...)

- *Untermaltes Lesen*: Die Botschaft einer Nachricht kann verstärkt werden, indem mit Phrasen oder Politikersprüchen die Meldung in einen anderen Kontext gesetzt wird. Man kann z. B. die Arbeitslosenzahlen in den neuen Bundesländern und den Ausspruch 'blühende Landschaften' miteinander in Verbindung bringen. (...)

- *Pointiertes Lesen*: Der Text wird in einem anderen Genre vorgelesen. So kann der Bericht eines Kriegseinsatzes deutscher Bundeswehrsoldaten, als Kochrezept vorgelesen, Verwirrung stiften. (...)"[159]

Die Techniken des Zeitungstheaters eignen sich exzellent dazu, Wirklichkeitskonstrukte und die dahinter stehenden (versteckten) Interessen durch Re- und Dekonstruktion kritisch wahrzunehmen und zu analysieren.

---

[156] vgl. BOAL 1989, S. 28 ff
[157] ebd., S. 29
[158] siehe 4.4.4. Statuentheater/Bildertheater, S. 56
[159] HAHN 2003, S. 356

4.4.3. Unsichtbares Theater

Unsichtbares Theater will Unterdrückung, Ungerechtigkeit und Gewalt in der Öffentlichkeit konkret aufdecken, sowie BeobachterInnen aktivieren, sich einzumischen. Es kann auch dazu dienen, theoretische Annahmen, Vermutungen und Hypothesen (wie z.B. fehlende Zivilcourage) in der Praxis des Alltags zu überprüfen.

> "Dieses Theater muß 'unsichtbar' sein, damit es die Unterdrückung, die fast immer unsichtbar ist, sichtbar machen kann."[160]

Eine Gruppe sucht sich ein brisantes und aktuelles Thema aus, von dem anzunehmen ist, dass es Menschen in der Öffentlichkeit bewegt. Zum entsprechenden Thema wird eine Szene nach einem festgelegten Text einstudiert, der aber gleichzeitig so offen und flexibel sein muss, dass mögliche bzw. zu erwartende Reaktionen und sonstige Eventualitäten berücksichtigt werden. Wichtig ist die Perfektion der Inszenierung, die sich grundsätzlich auch ohne Einmischung von BeobachterInnen – wenngleich mit deren Interventionen gerechnet wird – entwickeln können muss. Diese Szene wird ohne Ankündigung in der Öffentlichkeit (z.B. in der U-Bahn, auf Plätzen, in Kneipen, u.ä.) gespielt, nämlich dort, wo sie sich so oder ähnlich ereignen könnte oder gar schon einmal ereignet hat. Einige 'unsichtbare' SchauspielerInnen spielen die Ausgangsszene, andere befinden sich unter den BeobachterInnen, um mit Interventionen zu beginnen, sowie Diskussionen anzuregen.[161]

> "Die Fiktion wird hier, aus der Perspektive der (ahnungslosen) Zuschauer, zur Realität: Unsichtbares Theater ist nicht realistisch, es ist real."[162]

Die 'Unsichtbarkeit' des Spiels hebt die Regeln des konventionellen Theaters (z.B. Passivität der ZuschauerInnen) auf, wodurch unbeteiligte BeobachterInnen aufgrund der scheinbaren Authentizität der Szene (re-)agieren oder zumindest (verbal) Position beziehen. Je nach Situation kann jedoch die Hemmschwelle für eine Einmischung sehr hoch liegen. Wenn allerdings "(...) unsichtbare Schauspieler positives Verhalten demonstrieren, das im Sinne von 'Lernen am Modell' zur Nachahmung empfohlen wird",[163] kann dies Be-

---

[160] BOAL 1989, S. 116
[161] vgl. ebd., S. 98 ff
[162] ebd., S. 80
[163] THORAU 1993, S. 271

obachterInnen animieren, selbst zu intervenieren. Oberste Gebote sind, dass sich die SchauspielerInnen unter keinen Umständen zu Gewalttätigkeiten gegen die eingreifenden BeobachterInnen provozieren lassen und dass niemals gegen Gesetze verstoßen wird.[164]

> "Das Unsichtbare Theater agiert niemals außerhalb der Legalität, es will nicht Gesetze verletzen, sondern Gesetze auf ihre Rechtmäßigkeit befragen."[165]

An der Frage, ob die Aktionen nach ihrer Durchführung aufgelöst werden sollen, scheiden sich die Geister. Strittig ist ebenfalls die Frage, ob das Mittel, die BeobachterInnen in Unwissenheit zu halten, dem Zweck, unsichtbare Unterdrückungsmechanismen sichtbar zu machen, angemessen ist. THORAU, der sich mit dem Unsichtbaren Theater in Theorie und Praxis kritisch auseinandergesetzt hat, plädiert letztlich für diese Technik und bescheinigt ihr ethische Legitimität. Dies allerdings nur, wenn Szenen in eigener Betroffenheit gespielt und in die Kernszene keine ahnungslosen BeobachterInnen involviert werden. Es muss unbedingt deren freie Entscheidung bleiben, ob und wie sie sich einmischen.[166]

4.4.4. Statuentheater/Bildertheater

Hinter diesen Begriffen, die zum Teil synonym verwendet werden, verbirgt sich ein Komplex an differenzierten Techniken. Ihnen ist gemeinsam, dass die AkteurInnen ihren eigenen Körper sowie die Körper anderer gewissermaßen als Baumaterial verwenden. Mimik, Gestik, Körperhaltungen und Personenkonstellationen werden bewusst inszeniert. So entstehen starre Momentaufnahmen von bestimmten Szenen bzw. Situationen oder Standbilder zur (symbolischen) Darstellung von Wünschen, Emotionen, Ideen, Visionen, abstrakten Begriffen, etc.. Kollektives Bauen von gemeinsamen Bildern kann einen interessanten Austausch über Vorstellungen von Wirklichkeiten und deren Veränderung anstoßen.[167]

---

[164] vgl. BOAL 1989, S. 98 ff
[165] ebd., S. 116 f
[166] vgl. THORAU 1993, S. 270 ff
[167] vgl. BOAL 1989, S. 53 ff

Die Arbeit mit Statuen "(...) soll in raschem Tempo vor sich gehen, damit die Mitwirkenden nicht erst in Worten denken und diese dann in Bilder übersetzen – sie sollen vielmehr spontan in Bildern denken."[168] Es ist im Sinne FREIRES ein Kodierungs- und Dekodierungsprozess[169] von Begriffen, Situationen, Beziehungskonstellationen oder Strukturen.
Die Realbild-Idealbild-Technik ist der eigentliche Kern des Statuen-/Bildertheaters und arbeitet mit dem Übergang von Wirklichkeiten 'wie sie sind' (z.B. konkrete Konfliktsituation) zu Wirklichkeiten, 'wie sie sein könnten'.

> "Im Statuentheater gehen wir vom 'statischen' zum 'bewegten' Bild über: Wir erstellen ein Ausgangsbild und bringen dann Bewegung ins Bildgeschehen, wir 'dynamisieren' es und gelangen so vom realen Ausgangsbild zu dem in der Realität erstrebten Bild."[170]

Der Übergang zwischen beiden Bildern erfolgt durch Dynamisierungstechniken und weitergehende Improvisation.[171] Insbesondere wenn die verbale Ausdrucksfähigkeit an ihre Grenzen stößt (z.B. bei Tabus, schwer zu beschreibenden Gefühlen oder auch bei fremdsprachlichen Barrieren), greifen diese Formen des nonverbalen Darstellens, Wahrnehmens und Veränderns. Darüber hinaus unterstützen sie Klärungsprozesse bei z.B. unbewussten, diffusen oder vielschichtigen Themen.
So kann die Arbeit mit Statuenbildern "(...) Gedanken sichtbar machen (...), wozu gesprochene Sprache oft nicht in der Lage ist. In der gesprochenen Sprache ist jedes Wort mit einer allgemeinen Denotation und gleichzeitig mit einer individuellen Konnotation besetzt. Auch wer an eine radikale Veränderung denkt, hat doch gleichzeitig seine persönliche Vorstellung (Konnotation) von ihr. Das Statuentheater macht genau diese Vorstellung für die anderen sichtbar und begreifbar."[172]

---

[168] BOAL 1989, S. 71
[169] siehe 3. Exkurs: Pädagogik der Unterdrückten, S. 39
[170] BOAL 1989, S. 241
[171] siehe 4.5.4. Erarbeiten von 'kollektivem Rohmaterial', S. 69 / vgl. BOAL 1989, S. 247 f
[172] BOAL 1989, S. 55

4.4.5. Prospektive und introspektive Techniken

Einzelne prospektive und introspektive Techniken bilden ein sehr differenziertes System von Formen, die dem Psychodrama verwandt sind. Zusammenfassend gesehen geht es um die vorbereitende (prospektive) Untersuchung subjektiver Wahrnehmungen, Interessen, Erwartungen und problematischer Verhaltensmuster, sowie die nach innen gerichtete (introspektive) Analyse und Überwindung internalisierter Unterdrückung. Dabei wird die Gruppe als Ressource genutzt. Viele dieser Techniken arbeiten bewusst mit den Zusammenhängen zwischen Körperhaltungen und inneren Haltungen.[173]

> "Der Protagonist soll durch das eigene Spiel wie durch Beobachtungen und szenische Beiträge seiner Mitspieler (Zuschau-Spieler) Anregungen erfahren, die eigene Sicht differenzieren, verschüttete Ressourcen aufspüren, Bedürfnisse klarer formulieren und alternative Verhaltensstrategien erproben. Blinde Flecke im eigenen Selbstbild können so ausgeleuchtet und eingeschliffene Rituale überprüft werden. Dabei geht es nicht um vorschnelle Lösungen, sondern um das Erkennen der Muster, aufgrund derer bisherige Lösungen scheitern."[174]

Den auf dem Statuen-/Bildertheater basierenden prospektiven Techniken (z.B. Bild und Gegenbild, Kaleidoskop-Bild, Bild der Gruppe, etc.)[175] ist gemeinsam, dass sie erste Ideen und Assoziationen zu einer bestimmten Problemlage ermöglichen. ProtagonistInnen bekommen durch die Beiträge der Gruppe eine Perspektivenvielfalt zurückgespiegelt. Die komplexeren introspektiven Formen (z.B. Analytisches Bild, Regenbogen der Wünsche, Polizist im Kopf, etc.)[176] gehen mehr in die Tiefe und analysieren Verhaltensmuster, sowie verinnerlichte Zwänge einzelner Personen, beziehen jedoch immer die gesamte Gruppe mit ein.[177]

Zielsetzung der prospektiven und introspektiven Techniken ist jedoch nicht die therapeutische Arbeit wie im Psychodrama. Es geht nicht darum, Menschen an unterdrückerische Verhältnisse und Strukturen anzupassen, sondern letztlich um die Veränderung dieser Wirklichkeiten.

---

173 vgl. WEINTZ 2004, S. 13 ff / vgl. AXTER 2001, S. 70 ff
174 WEINTZ 2004, S. 13
175 ausführlich zu prospektiven Techniken: vgl. BOAL 1999, S. 74 ff
176 ausführlich zu introspektiven Techniken: vgl. BOAL 1999, S. 102 ff
177 vgl. WEINTZ 2004, S. 13 ff

> "Wir haben Polizisten im Kopf, die sagen: Das tut man nicht! Oder: Sei still! Aber ihre Hauptquartiere sind draußen!"[178]

Indem die 'Polizisten' in Kopf und Körper durch prospektive und introspektive Techniken dargestellt und damit sichtbar und bearbeitbar werden, wird auch der zweite Schritt möglich und notwendig: die kollektive Aktion zur Bekämpfung der 'Polizeizentralen', also der sozialen, politischen und ökonomischen Ursachenkomplexe von Unterdrückung.
Intensive (Selbst-)Erfahrungen, insbesondere mit den introspektiven Formen, sollten von erfahrenen Personen angeleitet werden. Prospektive und introspektive Techniken können jedoch nicht nur für die Gruppenarbeit, sondern auch als Probetechniken zur Erarbeitung von Forumtheater-Szenen[179] dienen.

4.4.6. Forumtheater

Dieses 'Theater der Interaktion und Intervention' thematisiert Konflikte, indem eine konkrete Unterdrückungssituation aus dem Alltag, in einer kurzen Ausgangsszene mit unbefriedigender Lösung dargestellt wird.

> "Eine (..) [Forumtheater-Szene] entwickelt sich aus einem Konflikt zwischen 'Protagonist' (Unterdrücktem) und 'Antagonist' (Unterdrücker), deren Haltungen und Ansichten im Szenenverlauf sichtbar werden. Am dramatischen Höhepunkt der Szene scheitert der 'Protagonist' mit seinem Anliegen, der 'Antagonist' behält die Macht. Neben den beiden Hauptakteuren kann es eine Reihe weiterer Rollen geben, die als *verlängerter* Arm des Antagonisten und als *powerless observer* die Macht des Antagonisten noch verstärken oder sich mit dem Anliegen des Protagonisten solidarisieren."[180]

Nachdem die Ausgangsszene dem Publikum vorgespielt wurde, besteht für die ZuschauspielerInnen, also für alle im Publikum, in einem zweiten und in weiteren Durchläufen die Möglichkeit, die Szene durch einen Stopp-Ruf anzuhalten und den/die unterdrückte/n ProtagonistIn[181] auszutauschen. An sei-

[178] BOAL im Interview mit RUPING 1993, S. 333
[179] siehe 4.5.5. Feinschliff des 'kollektiven Rohmaterials', S. 71
[180] WRENTSCHUR 2003, S. 108
[181] Nachdem der/die hauptsächlich unterdrückte ProtagonistIn ausgewechselt wurde, können nacheinander auch andere Figuren (z.B. schweigende ZeugInnen) oder zuletzt der/die AntagonistIn (Unterdrücker) ausgetauscht werden. (vgl. BOAL 1989, S. 84 / vgl. BOAL 1993, S. 39 ff)

ner/ihrer Stelle können ZuschauspielerInnen auf spielerische Weise alternative Lösungsansätze bzw. verändertes Verhalten erproben.

> "Im Forumtheater werden keine Ideen suggeriert. Der Zuschauer erhält vielmehr die Gelegenheit, eigene Ideen kritisch zu überprüfen und sie versuchsweise in die Praxis - die Theaterpraxis - umzusetzen. (...) Gehandelt wird in der Fiktion, aber die Erfahrung ist konkret."[182]

Im Forumtheater kommt es zu Konfrontationen. Intervenierende ZuschauspielerInnen versuchen ihren Veränderungswillen durchzusetzen und stoßen dabei auf die konformistische Haltung der AntagonistInnen, die versuchen, die Szene so zu erhalten wie sie ist. Ziel ist die Veränderung der szenisch dargestellten Realitäten als Probe für den Alltag.[183]

> "Der Zuschauer, der in einer Forumtheater-Sitzung fähig gewesen ist zu einem Akt der Befreiung, will diesen auch draußen, im Leben, vollbringen, nicht nur in der fiktiven Realität des Theaters. Die 'Probe' bereitet ihn auf die Wirklichkeit vor."[184]

Grundvoraussetzung für ein funktionierendes Forumtheater ist eine geeignete Ausgangsszene, die bestimmten – auch ästhetischen – Anforderungen genügen muss. Sie soll für das Publikum nachvollziehbar sein, (solidarische) Betroffenheit auslösen und zum Eingreifen provozieren. Außerdem soll sie so gestaltet sein, dass nicht nur verbale Auseinandersetzung sondern Aktion mit dem ganzen Körper herausgefordert wird. Folgende Szenen-Merkmale haben sich in der Praxis bewährt:

- Anschauliche Darstellung der Problematik, des Konfliktes, des Themas (potentiell noch veränderbare Unterdrückung)
- Unbefriedigendes Ende der Szene (allerdings keine ausweglose Eskalation und Aggression!)
- Klare Rollen (ProtagonistIn, AntagonistIn, weitere Beteiligte) durch charakteristische Requisiten (z.B. Statussymbole), sowie entsprechendes, insbesondere auch nonverbales Verhalten der SchauspielerInnen (Klischees möglichst vermeiden)[185]

---

[182] Boal 1989, S. 57 f
[183] vgl. ebd., S. 83 f
[184] ebd., S. 68
[185] vgl. Gipser 1986, S. 122 ff / vgl. Boal 1993, S. 36 ff

> "Wirklich beeindruckende Forumszenen sind vor allem dann entstanden, wenn die Gruppe von dem dargestellten Problem betroffen war und sich in dieser Sache engagierte."[186]

Der Joker bewegt sich zwischen Publikum und Bühne, ermutigt ZuschauspielerInnen zum Eingreifen und moderiert das Gesamtgeschehen, sowie die Reflexion und Diskussion über die Interventionen. Dabei muss er stets versuchen, dialogisch-demokratisch zu agieren, um nicht ungewollt das Publikum zu manipulieren. Aufgabe des Jokers ist es nicht, zu urteilen und zu bewerten, sondern Zweifel zu formulieren und Fragen zu stellen: War eine bestimmte Intervention erfolgreich? Auf welche Weise? Warum (nicht)? Wie sieht es mit dem Transfer in den Alltag aus? Die Antworten muss das Publikum finden.[187]
Im Forumtheater ist der Weg auch das Ziel, sodass es durchaus auch ein Erfolg ist, wenn keine zufriedenstellenden Lösungen gefunden wurden, aber eine intensive Debatte zwischen den Beteiligten zustande kam. Außerdem verändert jede Intervention irgendetwas, bringt neue Aspekte ins Spiel und beleuchtet die Hintergründe der dargestellten Situation aus einer neuen Richtung.
Grundsätzlich kann Forumtheater als Arbeitstechnik in kleineren, tendenziell homogenen Gruppen eingesetzt werden bzw. als Forumtheateraufführung vor einem größeren, heterogenen Publikum stattfinden. Dementsprechend unterscheiden sich Zielsetzung und folglich die Art der Arbeit. Steht beim gruppeninternen Forumtheater der pädagogische Arbeitsprozess im Mittelpunkt, so ist beim öffentlichen Forumtheater schwerpunktmäßig die Ästhetik der Forumtheaterszene von Bedeutung.[188]

Die nachfolgende Zusammenstellung, die sowohl auf eigenen Erfahrungen, als auch auf unterschiedlichen Quellen[189] basiert, illustriert in vereinfachter Weise den möglichen Ablauf einer (öffentlichen) Forumtheaterveranstaltung.

---

[186] GIPSER 1986, S. 130
[187] vgl. WIEGAND 1999, S. 34 ff
[188] vgl. ebd., S. 34
[189] vgl. BOAL 1989, S. 82 ff / vgl. BOAL 1993, S. 36 ff / vgl. GIPSER 1986, S. 122 ff

1. Der Joker **begrüßt** alle, stellt sich und die SchauspielerInnen vor und erklärt kurz den Hintergrund (das TdB) und den **Ablauf** des Forumstheaters.

2. Der Joker leitet die **Aufwärmphase** an. SchauspielerInnen mischen sich unter das Publikum → gemeinsame Spiele und Übungen, die voraussichtlich wenig Widerstand erzeugen, eventuell einfache Statuen-/Bildertheatertechniken.

3. Der Joker **leitet zur Szene hin** (z.B. kleine Einleitung: wo und wann spielt das Ganze, Titel der Szene, Vorstellung der Charaktere, etc.).

4. Szene wird **einmal ganz vorgespielt** → noch kein Eingreifen durch Publikum!

5. Der Joker **fragt das Publikum, was gesehen wurde**. Falls die Szene nicht verständlich oder undeutlich war, wird diese nochmals und eventuell verändert gespielt (z.B. entsprechend der Hinweise aus dem Publikum).

6. Der Joker schlägt folgende **Spielregeln** vor und fragt nach **Einverständnis**:
   - wer in die Szene eingreifen will, muss **STOPP** rufen
   - erst dann wieder **STOPP** rufen, wenn eine Intervention zu Ende gespielt ist
   - **keine Gewalt** zur Lösung der Unterdrückung bzw. zur Selbstbehauptung!

7. Der Joker **lädt das Publikum ein**, im folgenden zweiten Durchlauf einzugreifen.

8. Die Szene wird ein **zweites Mal** angespielt.

9. **Wenn jemand STOPP ruft, friert die Szene ein**. Der/Die entsprechende ZuschauspielerIn gibt die Stelle an, wo er/sie einsteigen möchte, wechselt den/die ProtagonistIn aus und spielt seinen/ihren Lösungsvorschlag bis zum Scheitern oder Erfolg. Der Joker greift ein, wenn gegen Regeln verstoßen wird.
   → **Falls niemand STOPP ruft** und die Szene ohne Intervention verläuft, fragt der Joker, ob es im Publikum Ideen für Alternativen gibt. Falls jemand eine Idee verbalisiert, diese aber nicht selbst spielen möchte, findet sich vielleicht ein/eine andere/r ZuschauspielerIn im Publikum, der/die den Vorschlag spielen möchte. Falls nicht, setzen die SchauspielerInnen den Vorschlag um (dies entspricht der Technik Simultane Dramaturgie). Eine Variante ist die Animation durch 'unsichtbare' SchauspielerInnen im Publikum, die bei Zurückhaltung mit Interventionen beginnen.

10. Sowohl nach **gescheiterter** als auch nach **erfolgreicher Intervention** verlässt der/die ZuschauspielerIn die Szene und der/die SchauspielerIn geht zurück in die Rolle. Der/die ZuschauspielerIn wird vom Publikum mit **Applaus** verabschiedet. Der Joker **dankt** für die Intervention und stellt einige **Fragen**, wie z.B.:
    - an den/die ZuschauspielerIn in der Rolle des/der ProtagonistIn:
      Was hast du versucht? Wie hast du dich gefühlt? Was hast du erreicht?
    - an andere MitspielerInnen (z.B. ZeugInnen-Rollen):
      Was hat sich verändert? Wie ging es dir/euch damit?
    - an den/die AntagonistIn (= klare/r GegenspielerIn des/der ProtagonistIn):
      Was hat sich verändert? Wie ging es dir damit?
    - an das Publikum:
      Was hat die Intervention gezeigt, war sie erfolgreich? Seid ihr zufrieden mit dem Lösungsvorschlag bzw. der Handlungsalternative?

11. **Szene läuft weiter bzw. von Neuem an**, bis wieder jemand **STOPP** ruft... und so weiter, solange ZuschauspielerInnen einwechseln wollen.

12. Der Joker **fasst die Interventionen abschließend zusammen** und regt eine **Diskussion aller Beteiligten** an: Welche Lösungsmöglichkeiten bzw. Handlungsalternativen wären im Alltag umsetzbar, unter welchen Umständen?

4.4.7. Legislatives Theater

Das Legislative Theater geht noch einen Schritt weiter als alle anderen Formen des TdB. Es will Einfluss auf die politisch-rechtlichen Rahmenbedingungen der Gesellschaft nehmen.

> "Ziel ist nicht mehr nur die Intervention in theatralisierte Realitäten und ihre Extrapolation in die Realität gesellschaftlicher Zusammenhänge, sondern die direkte Intervention in politische Strukturen."[190]

Diese Form ist keine andere Technik, sondern basiert auf öffentlichen Forumtheaterveranstaltungen zu konkreten sozialen Problemen der Bevölkerung z.B. eines Stadtteils. Die dabei vom Publikum durch Interventionen und verbale Beiträge eingebrachten Ideen und Anregungen werden dokumentiert und von interdisziplinären Teams (z.B. Psychologen, Juristen, Pädagogen, Politiker) zunächst analysiert und systematisiert, um kollektive Wünsche und Vorschläge herauszuarbeiten. In einem nächsten Schritt versuchen die Teams herauszufinden, ob zur Umsetzung eine bestehende rechtliche Regelung (z.B. Gesetze auf kommunaler Ebene) abgeschafft oder verändert bzw. neu geschaffen werden müsste. Schließlich formulieren sie entsprechende juristische Entwürfe und bringen diese über Abgeordnete in den legislativen Prozess ein.[191] Daneben existiert folgende Variante:

> "In inszenierten Parlamentssitzungen werden Gesetzesvorschläge anderer Abgeordneter von der Bevölkerung auf der Straße diskutiert."[192]

In den Jahren von 1992-1996 hatte BOAL ein Mandat als Abgeordneter im Stadtparlament von Rio de Janeiro und konnte auf diesem Wege 50, durch das Legislative Theater entstandene, Gesetzes- und Novellierungsvorschläge einbringen. Davon wurden 13 Gesetze bzw. Verwaltungsvorschriften verabschiedet, wie z.B. eines zum Schutz von ZeugInnen bei der Verbrechensbekämpfung. Trotz dem Verlust des Mandates von BOAL im Jahre 1996 wird das Legislative Theater bis heute auch in anderen brasilianischen Städten weitergeführt und weiterentwickelt.[193]

---

[190] BAUMANN 2001, S. 23
[191] vgl. BAUMANN 2001, S. 33 ff / vgl. MAZZINI/WRENTSCHUR 2004, S. 178 f
[192] KEMPCHEN 2003, S. 180
[193] vgl. KEMPCHEN 2001, S. 26 ff / vgl. BAUMANN 2001, S. 33 ff

Im Oktober 1997 fand in München die erste europäische Konferenz[194] zum Legislativen Theater statt. 1999, 2001 und 2004 wurden in Österreich (Graz, Wien, Innsbruck)[195] mehrtägige Veranstaltungen zum Legislativen Theater durchgeführt. An allen Fachtagungen war auch AUGUSTO BOAL beteiligt.

Legislatives Theater ist ein aktiver Beitrag zur Demokratisierung der Politik und fördert die politische Partizipation der Betroffenen an Entscheidungsprozessen. Denkbar sind nicht nur die Veränderung bzw. Schaffung von Gesetzen oder Verordnungen, sondern auch die Mitgestaltung von anderen verbindlichen Regelwerken auf kleineren Ebenen (z.B. Leitbild einer Einrichtung, Verhaltenskodex, etc.).

[194] vgl. LETSCH 2004, S. 292 f
[195] vgl. WRENTSCHUR 2004, S. 110 f

4.5. Methodologie des Theaters der Befreiung

MAZZINI und WRENTSCHUR betonen, dass das TdB nicht nur eine Sammlung von vielfältigen Techniken und Formen ist, sondern ein Gesamtkonzept mit eigener Philosophie und Methodologie. Ihrer Meinung nach müssen die Techniken, den Prinzipien des TdB entsprechend, in einen methodologischen Prozess eingebunden sein, um Wirkungen zu erzielen, die über den Theaterraum hinausgehen.[196]

> "What is the sense to make a Forum play without taking care of the further consequences? Is it enough to explore alternatives and then do not be able to apply them to the reality? (...) If we create a great Forum play but leading in an authoritarian way the group, is that a coherent application of the T.O. [= Theatre of the Oppressed] as a method?"[197]

Diese rhetorischen Fragen machen nochmals zwei Fundamente des TdB deutlich: Zum einen ist das Ziel die Extrapolation, also der Transfer der erprobten Interventionen bzw. Veränderungen in den Alltag außerhalb des Theaters. Zum anderen müssen für den Prozess der Theaterarbeit die Grundsätze[198] des TdB verbindlich gelten, damit die Techniken nicht missbräuchlich instrumentalisiert werden.
Die Methodologie des TdB soll diesen Fundamenten entsprechen. Sie wurde von MAZZINI und WRENTSCHUR aufgrund ihrer praktischen Erfahrungen und theoretischen Reflexionen entworfen. Ich erweitere und modifiziere diese Konzeption durch eigene Erfahrungen mit dem TdB, sowie Anregungen aus der Literatur, die ich an den entsprechenden Stellen belege.

Zunächst veranschaulicht eine schematische Übersicht den Gesamtprozess, der nachfolgend schrittweise ausführlich erläutert wird. In der Praxis lassen sich die einzelnen Schritte natürlich nicht klar voneinander trennen, sondern gehen vielmehr ineinander über. Der Gesamtprozess kann in kurzer Zeit (z.B. im Rahmen eines Wochenendworkshops) ablaufen, oder sich über längere Zeiträume (z.B. als längerfristiges Projekt) erstrecken.

---

[196] vgl. MAZZINI/WRENTSCHUR 2004, S. 180
[197] ebd.
[198] siehe 4.3. Prinzipien und Ziele, S. 48

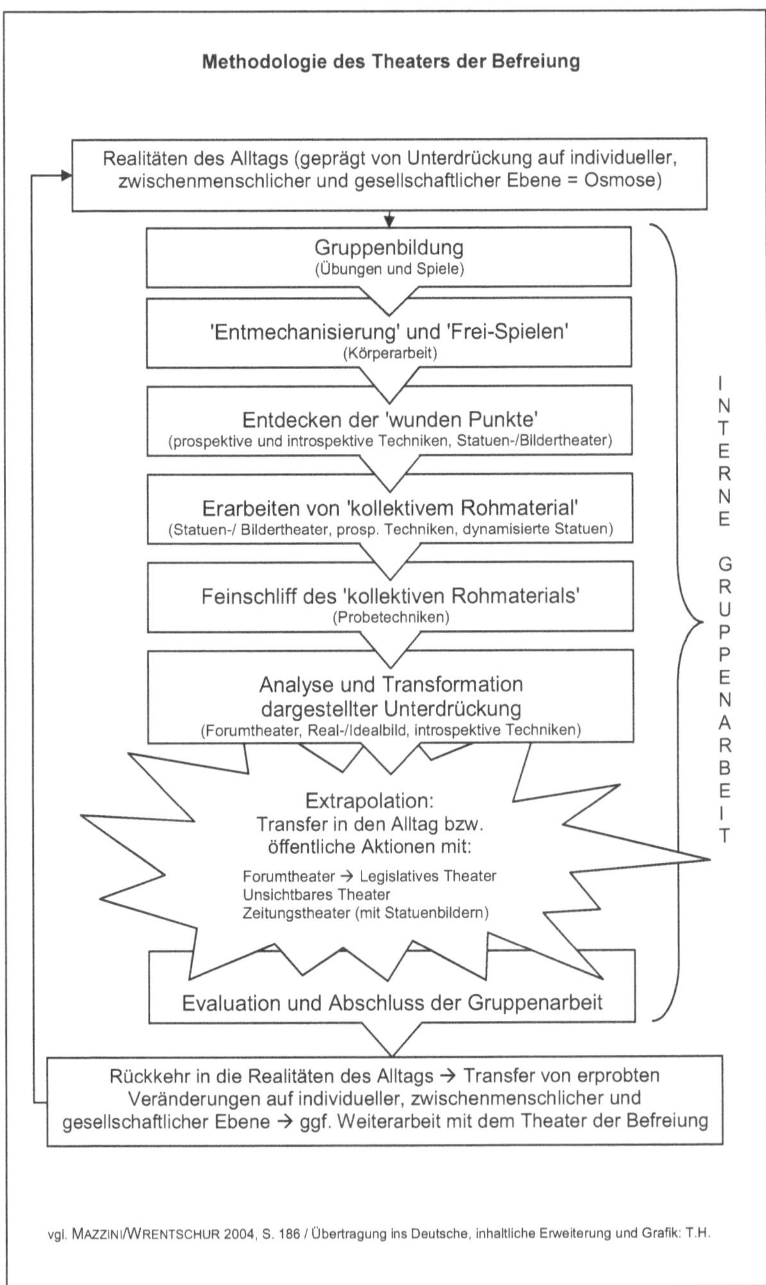

vgl. MAZZINI/WRENTSCHUR 2004, S. 186 / Übertragung ins Deutsche, inhaltliche Erweiterung und Grafik: T.H.

4.5.1. Gruppenbildung[199]

Innerhalb einer Gruppe, die gemeinsam mit Techniken des TdB arbeiten möchte, geht es zunächst um die Schaffung einer guten Atmosphäre (d.h. Vertrauen, authentische Kommunikation, Rücksichtnahme, Offenheit, etc.). Dies ist die Grundlage für die konstruktive Zusammenarbeit aller Beteiligten. Um ein entsprechendes Gruppenklima zu fördern, ist es notwendig, dass der Joker sich respektvoll, dialogisch und demokratisch verhält. Des weiteren sollte sich die Gruppe auf Regeln für die Zusammenarbeit einigen, die sich beispielsweise an denen der Themenzentrierten Interaktion (TZI) nach RUTH COHN[200] orientieren können (z.B. Jede/r achtet auf sich selbst und auf die anderen, Störungen haben Vorrang, etc.).
Der Prozess des Kennenlernens und Zusammenwachsens kann durch den gezielten und reflektierten Einsatz von Übungen und Spielen[201] unterstützt werden.
Wie lange explizit an dieser Phase gearbeitet wird, hängt von der jeweiligen Gruppe, deren Bedürfnissen und dem Kontext ab. Der Gruppenbildungsprozess endet natürlich nicht mit dieser Phase, sondern begleitet auch die weiteren Schritte.

4.5.2. 'Entmechanisierung' und 'Frei-Spielen'

Die folgende Phase ist von intensiver Körperarbeit geprägt, die sowohl das Kennenlernen in erweiterter Form fortsetzt, als auch gleichzeitig die Ausdrucks- und Darstellungsfähigkeit der einzelnen Gruppenmitglieder fördert. Gerade für Menschen, die Vorbehalte gegenüber der Theaterarbeit haben (z.B. durch keine oder aber negative Vorerfahrungen), ist die schrittweise Heranführung in einer *ihnen* angemessenen Geschwindigkeit wichtig.
Wie bereits beschrieben, spiegeln sich Lebenserfahrungen und Gesellschaftsstrukturen auch auf körperlicher Ebene in Haltungen und Bewegungen

[199] alle acht Schritte (4.5.1. – 4.5.8.): vgl. MAZZINI/WRENTSCHUR 2004, S. 180 ff (sinngemäße Übertragung ins Deutsche und inhaltliche Erweiterung: T.H.)
[200] vgl. RUBNER 1997, S. 952
[201] exemplarisch: vgl. BOAL 1989, S. 176 ff / vgl. LETSCH 1999, S. 29 ff. / vgl. BAER 2003

wider, die feste Muster annehmen können. Ziel ist es, diese Mechanisierungen aufzuspüren und aufzubrechen.

> "Wenn also der Körper in seiner je besonderen Ausformung ein sich wandelndes, kulturelles Produkt der Gesellschaft ist, dann zeichnen sich auch die herrschenden Entfremdungsstrukturen auf ihm ab. Dieses Körpergedächtnis gilt es zu aktivieren."[202]

Der Joker unterstützt diesen Prozess mit vielfältigen Übungsreihen (z.B. nach BOAL und anderen PraktikerInnen des TdB[203], psychophysische Methoden[204] nach STANISLAWSKI, STRASBERG, GROTOWSKI, etc.), wobei der gesamte menschliche Körper und Geist einbezogen werden sollte. Übungen zu zweit bzw. in Kleingruppen können sinnvollerweise mit solchen in der Gesamtgruppe abgewechselt werden.

Durch die Dynamik der gemeinschaftlichen Körperarbeit können sich die einzelnen Gruppenmitglieder, wie auch die Gruppe als Ganzes, gewissermaßen 'frei spielen' und auf diese Weise 'frei werden' für ihre eigenen Wünsche, Träume und Visionen – diese können dann aus dem Körper und nicht nur aus dem Kopf 'fließen'.

Diese Erkenntnis sollte im gesamten Prozess beachtet werden. Deshalb ist es sinnvoll, die Arbeitseinheiten nach Pausen immer mit Spielen und Körperübungen zu beginnen oder auch an geeigneten Stellen spielerische Pausen als Auflockerung einzubauen.

4.5.3. Entdecken der 'wunden Punkte'

Der Übergang in diese Phase ist in der Praxis oftmals nicht einfach. Ausgehend von einer bisher angenehmen, spielerischen und energetischen Atmosphäre sollen die Gruppenmitglieder nun beginnen, ihr eigenes alltägliches (Er-)Leben auf Unterdrückung und Probleme hin zu durchleuchten. Der Joker sollte diesen schwierigen Übergang sensibel gestalten und nicht zu sehr forcieren.

---

202 GIPSER 1999, S. 12 f

203 exemplarisch: vgl. BOAL 1989, S. 176 ff / vgl. LETSCH 1999, S. 22 ff

204 einführend dazu: vgl. THONHAUSER 1999, S. 80 ff

Einen Einstieg können Fragen wie die Folgenden sein, die bewusst nicht explizit den Begriff Unterdrückung nennen, da dieser oftmals abgelehnt[205] wird: Was möchtest du in deinem Leben verändern? Wann fühlst du dich machtlos? Welches Problem stört dich am meisten? Welchen Konflikt konntest du nicht bzw. unzufriedenstellend lösen?
Die Antworten auf diese Fragen können auch mit Hilfe von diversen Theatertechniken gefunden werden. Insbesondere bieten sich hierbei sowohl prospektive und introspektive Techniken, als auch die vielfältigen Formen des Statuen-/Bildertheaters an, um das eigene Erleben gemeinsam mit anderen darzustellen, zu betrachten, zu analysieren und zu diskutieren. Auf diesem Wege können Betroffene eine kritische und schützende Distanz zu erlebten Unterdrückungssituationen bekommen.
Gültig und richtig ist in diesem Zusammenhang die jeweils subjektive Wahrnehmung der Gruppenmitglieder und damit die Wahrnehmungsvielfalt. Es geht um das Entdecken der einzelnen 'wunden Punkte', der individuellen generativen Themen[206] im Sinne FREIRES.

4.5.4. Erarbeiten von 'kollektivem Rohmaterial'

So wichtig die subjektive Wahrnehmung von Unterdrückung ist, so wichtig ist die intersubjektive Verständigung darüber.

> "Du hast etwas von mir, und ich erkenne einiges in deiner Geschichte. Sicher habe ich Besonderheiten, aber für uns gewinnen sie allgemeine Bedeutung. Dies Allgemeine hilft uns, Gesellschaft besser zu verstehen."[207]

In dieser Phase sollen Überschneidungen der individuellen Unterdrückungserfahrungen entdeckt und somit kollektive generative Themen gefunden werden, mit denen sich mehrere Gruppenmitglieder identifizieren.[208]

---

[205] FREIRE hat die Zusammenhänge und Mechanismen beschrieben, die bewirken, dass Unterdrückte ihre Unterdrückung nicht als solche verstehen, sondern sich selbst dafür verantwortlich und damit schuldig fühlen. Hinzu kommt, dass subtile bzw. verinnerlichte Formen von Unterdrückung nur schwer zu erkennen sind. (vgl. FREIRE 1989, S. 33 ff)
[206] siehe 3. Exkurs: Pädagogik der Unterdrückten, S. 39
[207] BOAL im Interview mit RUPING 1993, S. 335
[208] dies entspricht der Analogen Induktion: siehe 4.3. Prinzipien und Ziele, S. 48

Wenn sich die Gesamtgruppe nicht auf ein Thema einigen kann, ist es bei ausreichender Gruppengröße sinnvoll, mehrere Kleingruppen zu bilden, die sich verschiedenen Themen widmen. Eine gute Entscheidungsfindung, mit der wirklich alle Beteiligten leben können, sowie ein Ausgangsthema, das ausreichend von der Gesamtgruppe bzw. von der jeweiligen Kleingruppe getragen wird, sind die Grundvoraussetzungen für die motivierte und engagierte Mitwirkung aller am weiteren Prozess. Dies sollte insbesondere der Joker im Blick haben und methodisch ermöglichen.
Wenn individuelle generative Themen in der vorigen Phase mittels Statuen-/ Bildertheater erkundet wurden, so können in dieser Phase z.B. 'Familien' der individuellen Bilder gesucht und diese somit gebündelt werden. Des weiteren ist die Verwendung einiger prospektiver Techniken (z.B. Bild der Bilder)[209] an dieser Stelle hilfreich.
In der Praxis wird die Szenenentwicklung oftmals auf Statuenbilder aufgebaut, die mit verschiedenen Techniken dynamisiert werden. So können die Statuen z.B. aufgefordert werden, entsprechend ihrer inneren Logik:

- ein Geräusch zu machen;
- einen Satz zu sprechen;
- ihren geheimsten Wunsch zu verbalisieren;
- ihre größte Sorge auszusprechen;
- einem Bewegungsimpuls zu folgen;
- diese Bewegung roboterhaft zu wiederholen;
- und sich schließlich in Zeitlupe zu bewegen.

Aus dynamisierten Statuenbildern können auf diesem Wege Kernszenen entstehen.[210]

Eine alternative Vorgehensweise ist die Improvisation von erzählten Situationen zum generativen Thema. Es ist darauf zu achten, dass die Situationen knapp mit den wichtigsten Informationen (Worum ging es? Wer war beteiligt? Wo und wie hat es sich abgespielt?) erzählt und dann gleich szenisch umgesetzt werden. Der erste Szenenentwurf kann mit wechselnden Rollen improvisiert werden, sodass jedes (Klein-)Gruppenmitglied einmal jede Rolle spielt.

[209] ausführlich zu prospektiven Techniken: vgl. BOAL 1999, S. 74 ff
[210] ausführlich zur Szenenentwicklung aus Statuenbildern: vgl. LETSCH 1999, S. 26 f

Dies bringt neue Aspekte ins Spiel und ermöglicht die bewusste endgültige Rollenbesetzung. Lange Diskussionen über die 'richtige' Darstellung sind meist kontraproduktiv. Vielmehr hat sich die Abwechslung von Phasen des spielerischen Experimentierens und Phasen der verbalen Reflexion bewährt.

Der Joker soll die Beteiligten befähigen, eine reale Unterdrückungssituation mit Mitteln des Theaters wirkungsvoll zu repräsentieren, nicht einfach zu reproduzieren. Die Szene soll eine konkrete und klare Frage aufwerfen. Zudem ist es wichtig, dass keine hoffnungslos eskalierte Aggression, sondern eine grundsätzlich noch veränderbare Unterdrückung dargestellt wird, um "(...) nicht die Leute gegen eine Wand von Resignation laufen zu lassen."[211]
Ziel ist es, 'kollektives Rohmaterial' zu erarbeiten, das diesen Anforderungen genügt und von allen Beteiligen mitgetragen wird.

4.5.5. Feinschliff des 'kollektiven Rohmaterials'

Diese Phase dient der theatralischen Erarbeitung einer ästhetischen Szene aus dem 'kollektiven Rohmaterial'. Dies ist die Voraussetzung für szenische Qualität und das wiederholbare Spielen der Forumtheaterszene bzw. eine gefestigte Szene für das Unsichtbare Theater.
Der Feinschliff von Szenen sollte sich daran orientieren, dass die Problematik, die Handlungsentwicklung und die Dialoge verständlich und nachvollziehbar dargestellt werden. Dazu kann es notwendig sein, den Szenenentwurf zu straffen oder zu verlangsamen, gezielte Pausen einzusetzen und ggf. mit Verfremdungseffekten wie z.B. Übertreibungen zu arbeiten.
Dieser Prozess wird durch den Einsatz diverser Probetechniken unterstützt. Dazu gehören, um nur einige Beispiele zu nennen, die Folgenden:[212]

- **Rolleninterviews**: die darstellenden Personen werden nach ihren (biographischen) Rollenmerkmalen befragt (z.B. Wie heißt du? Wie alt bist du? Bist du berufstätig? Was nervt dich? Was gefällt dir? Was denkst du über die dargestellte Problematik?);

[211] BOAL 1993, S. 36
[212] ausführlich zu Probetechniken: vgl. BOAL 1989, S. 230 ff / vgl. BOAL 1999, S. 146 ff / vgl. LETSCH u.a. 1999, S. 54 ff

- **Spiel ohne Worte**: die Szene wird nonverbal gespielt, um den körperlichen, mimisch-gestischen Ausdruck bewusster und deutlicher einzusetzen;

- **Stopp! Was denkst du?**: nach einer Unterbrechung der Szene durch einen Stopp-Ruf sprechen alle AkteurInnen zur Selbstklärung gleichzeitig aus, was sie aus der inneren Logik ihrer Rolle denken;

- **Analytische Probe der Motivation und Emotion**: die Szene wird nacheinander mit unterschiedlichen Emotionen (z.B. Freude, Angst, etc.) gespielt, wobei Text und Verlauf gleich bleiben;

- **Verkörperung**: die SchauspielerInnen versuchen, ihre Emotionen und Wahrnehmungen überhöht zu verkörpern (z.B. Angst wird zu heftigem Zittern, etc.).

Diese und andere Probetechniken (z.B. aus dem Spektrum der prospektiven und introspektiven Techniken) dienen der Klärung von Rollen, Beziehungen, Motivationen und Machtverhältnissen im Szenenentwurf sowie der Verfeinerung ästhetischen Ausdrucks. Einige PraktikerInnen des TdB verwenden für diesen Prozess auch Techniken aus anderen Bereichen, wie z.B. der Systemischen Strukturaufstellung[213].

Der Einsatz von Probetechniken lebt vom Feed-Back des beobachtenden Teils der Gruppe bzw. der anderen Kleingruppen. Sie melden ihre Wahrnehmungen, Reflexionen, Kritik und Anregungen an die SchauspielerInnen zurück, die dann entscheiden, was sie wie davon aufnehmen.

Im Forumtheater kann der gezielte Einsatz von Requisiten (z.B. typische Statussymbole, Kleidung, Gegenstände aller Art, etc.) anregend wirken und Rollen verdeutlichen. In jedem Fall bekommt die endgültige Version der Szene einen Namen und deren Handlung oder auch ganze Dialoge werden ggf. schriftlich fixiert.[214]

[213] einführend dazu: vgl. THONHAUSER 1999, S. 74 ff
[214] vgl. GIPSER 1986, S. 127 f

4.5.6. Analyse und Transformation dargestellter Unterdrückung

Die bisher erarbeiteten Szenen von Unterdrückung werden nun genauer untersucht und spielerisch verändert. Zumeist geschieht dies mittels Forumtheater, welches innerhalb der Gruppe gespielt wird. Alternativ oder ergänzend wird in der Praxis mit introspektiven Techniken (z.B. Polizist im Kopf) und auch mit Statuen-/Bildertheater (v.a. Real-/Idealbild) gearbeitet.
Ziel dieser Phase ist immer der Widerstand gegen Unterdrückung und im besten Falle die Überwindung von Unterdrückung. Mit den verschiedenen Techniken des TdB werden Verhaltensstrategien, Handlungsalternativen und Interventionsmöglichkeiten konkret erprobt. In der anschließenden Reflexion ist es wichtig, die kleinen Schritte – also Ansätze und Impulse für Veränderungen – sehen zu lernen und ihre Bedeutung hervorzuheben. Auch der weiteste Weg beginnt mit dem ersten Schritt.

> "Auf der Bühne inszenierte Konfliktsituationen lassen sich fast nie durch einen einzigen Vorschlag lösen. Die Kombination von Lösungsvarianten jedoch, viele kleine Lösungsansätze, bringen den Impuls zur Befreiung aus einer schwierigen Situation oder leiten weitere Schritte hin zu einer Klärung ein."[215]

4.5.7. Extrapolation

TdB zielt, wie bereits mehrfach erwähnt, auf die Veränderung – auch und insbesondere außerhalb des Theaters. Dies wirft Fragen nach dem Transfer der gruppeninternen Erfahrungen auf. Auf individueller Ebene ist davon auszugehen, dass die Gruppenmitglieder versuchen, im Theater erprobte Veränderungen (z.B. anderes Verhalten in Konfliktsituationen) auch im Alltag umzusetzen.

> "Indem ich in die Fiktion handelnd eingreife, probe ich Handeln und Verhalten unter den Bedingungen der Wirklichkeit. Ich lerne die Schwierigkeiten kennen, auf die ich im Angesicht von Tatsachen stoßen werde. Wenn es mir gelingt, mich im Forumtheater zu behaupten, werde ich auch eher in der Lage sein, mich zu behaupten, wenn ich in der Realität eine Entscheidung treffen muß."[216]

---

[215] BIBERMANN zit. nach BIBERMANN/SCHATZ 1999, S. 35
[216] BOAL 1989, S. 90

Darüber hinaus kann Extrapolation bedeuten, dass die Gruppe sich nach außen orientiert. Dafür gibt es verschiedene Möglichkeiten, von denen exemplarisch einige genannt seien. Öffentliches Zeitungstheater, ggf. in Verbindung mit Statuenbildern, kann herrschende Medienmeinungen zur eigenen Situation kritisch beleuchten. Unsichtbares Theater eignet sich beispielsweise, um in der Öffentlichkeit eigene Problemlagen bzw. Unterdrückungserfahrungen (z.B. Arbeitslosigkeit, Diskriminierung, etc.) darzustellen und somit Diskussionen sowie Prozesse der Sensibilisierung anzuregen. Des weiteren sind insbesondere öffentliche Forumtheateraufführungen eine besondere Chance, eigene generative Themen in Form von Szenen mit verschiedenen Menschen zu diskutieren. Diese öffentliche Debatte kann im Sinne des Legislativen Theaters auch neue Wege kreativer Partizipation an (politischen) Entscheidungsprozessen eröffnen.

4.5.8. Evaluation und Abschluss der Gruppenarbeit

Nach außen gerichtete Gruppenaktivitäten sollten dokumentiert und ausgewertet werden, um Erfahrungen auszutauschen, zu reflektieren, zu diskutieren und ggf. in die weitere Arbeit einfließen zu lassen. Ebenso ist es sinnvoll, zum Ende der gemeinsamen Zusammenarbeit den gesamten Prozess zu evaluieren und Ergebnisse ggf. zu dokumentieren.

Das hauptsächliche Thema ist jedoch der Abschied von mittlerweile vertrauten Menschen und dem 'Schonraum Theater'. Die Abschluss- und Abschiedsphase sollte genügend Zeit und Raum bekommen und kann vom Joker durch verschiedene Übungen und Methoden bewusst gestaltet werden.

In dieser Phase ist es ebenfalls möglich, dass sich einzelne Gruppenmitglieder zur Weiterarbeit mit dem TdB entschließen – sei es im Rahmen einer kontinuierlichen Gruppe oder im Kontext ihres (beruflichen) Alltags.[217] Hierfür können erste Absprachen getroffen und weitere (gemeinsame) Schritte überlegt werden.

[217] zu diesbezüglichen Möglichkeiten: siehe 6. Anregungen zur Praxisanwendung des Theaters der Befreiung als Selbsthilfe-Empowerment, S. 93

4.5.9. Zusammenfassender Überblick

Mit Fokus auf die Veränderung von Realitäten stellt sich folgendes methodologisches Modell dar:
Ausgangspunkt des Prozesses ist das interaktive Kennenlernen und experimentelle Erkunden der eigenen körperlichen Fähigkeiten, Begrenzungen und Veränderungsmöglichkeiten (z.B. durch Übungen und Spiele) – immer im Spiegel der anderen Menschen. Darauf aufbauend können einzelne Menschen ihre eigene unmittelbare, mittelbare bzw. solidarische Betroffenheit darstellen, reflektieren (z.B. durch Statuen-/Bildertheater) und auf diesem Wege konkrete Unterdrückungserfahrungen und –mechanismen bewusst wahrnehmen. Durch intersubjektiven Austausch (z.B. mit prospektiven und introspektiven Techniken bzw. Statuen-/Bildertheater) werden Zusammenhänge zwischen individuell erfahrenen Situationen und gesellschaftlich-politisch-ökonomischen Strukturen analysiert. In Folge werden intrapersonale, interpersonale und gesellschaftliche Veränderungen (z.B. durch introspektive Techniken, Forumtheater) erprobt und reflektiert. Daraus können theatralisch-politische Aktionen (z.B. durch Zeitungstheater, Unsichtbares Theater, Forumtheater, Legislatives Theater) vor Publikum entstehen. Diese Interventionen in (gesellschaftspolitische) Realitäten als auch deren Auswirkungen sollten evaluiert werden, damit die Erkenntnisse in die weitere Arbeit einfließen können.
Auf den Punkt gebracht, ist das TdB ein "(...) emanzipatorischer Lern- und Forschungsprozess (..), in dem biographische Selbstreflexion und soziologisches Experimentieren im Hinblick auf Wirklichkeitsveränderung verknüpft sind."[218] Dabei gilt immer, dass Wahrnehmung, Analyse, Darstellung, Veränderung, Kommunikation und Reflexion als Teile eines zirkulären Prozesses in wechselseitiger Beziehung und Beeinflussung stehen. Veränderung ist nicht das Ziel eines linear-kausalen Weges vom Denken zum Handeln. Veränderung ist der kontinuierliche Weg des dialektischen Zusammenhangs zwischen Reflexion (Nachdenken, Beobachtung, Analyse) und Aktion (Handlung, Intervention, Veränderung).

[218] GIPSER 1999, S. 11

5. Impulse des Theaters der Befreiung zur Förderung von Selbsthilfe-Empowerment

"DIE MENSCHEN KÖNNEN IHRE MACHT BEI WAHLEN DEMONSTRIEREN.
WIE NOCH? NUN, SIE BESITZEN IHREN KÖRPER."[219]

- SAUL D. ALINSKY -

Wie die bisherigen Ausführungen gezeigt haben, bietet sich das TdB als Werkzeug für die konkrete Umsetzung des Empowerment-Ansatzes im Kontext von Selbsthilfe an. Insbesondere drei Merkmale bestätigen dies. **TdB ist:**

- **dialogisch**, d.h. es ermöglicht den gleichgestellten und wechselseitigen Austausch zwischen Menschen sowie das Voneinander- und Miteinander-Lernen;
- **emanzipatorisch**, d.h. es ermöglicht die Selbstbemächtigung von Menschen mit dem Ziel ihrer Selbstbefreiung von innerer und äußerer Unterdrückung;
- **ganzheitlich**, d.h. es ermöglicht nachhaltige Erfahrungen auf kognitive, emotionale und körperlich-sinnliche Weise sowie auf intrapersonaler, interpersonaler und gesellschaftlicher Ebene.

TdB verwirklicht den Kern von Selbsthilfe(-gruppen): das Zusammenwirken von (solidarischer) Betroffenheit, gemeinschaftlicher Aktion und Reflexion, sowie politischer Artikulation.
TdB verwirklicht zudem den Kern von Empowerment: den Glauben an die Wirkung des eigenen Einflusses und an die Veränderungsfähigkeit von Menschen, sowie an die Veränderbarkeit von Situationen und insbesondere Strukturen.

[219] ALINSKY 1984, S. 141

TdB macht genau diese Aspekte konkret erfahrbar und fördert auf diese Weise die emanzipatorische Ausrichtung von Selbsthilfe, damit diese aktiv-kreativ und konstruktiv-kritisch sowohl Selbstveränderung als auch Sozialveränderung bewirkt.[220]

> "Es setzt am Einzelfall an, ohne die gesellschaftliche Dimension aus den Augen zu verlieren. Es hat die Selbsthilfe zum Ziel und möchte dennoch politisch relevant bleiben."[221]

WRENTSCHUR führt Praxisbeispiele des TdB an, mit denen er dessen psychosoziale und politische Empowerment-Wirkung illustriert:

> "Theaterpädagogik kann Selbsttätigkeit, Selbstreflexion und Selbstbildung anregen und zu Erfahrungszuwächsen im psychosozialen Bereich führen. Durch das Theaterspiel können vorhandene 'Ressourcen' aktiviert und gestärkt werden, die auch in belastenden und problematischen Situationen im Alltag handlungsfähig(er) machen können. (...) Ein Beispiel dazu war das Forumtheater-Projekt 'Free Mind' von InterACT, das sich an unbegleitete minderjährige Asylbewerber/innen aus afrikanischen und asiatischen Ländern richtete (...) Theater kann in einem kollektiven-politischen Sinn zu einem Werkzeug von 'Empowerment' werden, in dem Menschen über das Medium Theater an demokratischen Entscheidungsprozessen partizipieren: Ein herausragendes Beispiel dafür ist das 'Legislative Theater' (...)."[222]

TdB ist folglich – neben anderen erprobten Werkzeugen (z.B. Zukunftswerkstätten[223]) – eine geeignete Möglichkeit, um kreative Empowermentprozesse im Selbsthilfe(-gruppen)-Kontext anzustoßen.

Selbsthilfe-Empowerment braucht Raum und Zeit, Vertrauen in die Menschen, Mut zu offenen Veränderungsprozessen, sowie beim Gehen entstehende, kreative Wege.[224] TdB bietet in diesem Sinne einige Impulse. Es ist 'Frei-Spiel', 'Eigen-Art', 'Probe-Raum', 'Quer-Denken', 'Lach-Macht', 'Grenz-Überschreitung', 'Konflikt-Kultur' und 'Öffentlichkeits-Arbeit'. Diese originären Beiträge des TdB zur Förderung von Selbsthilfe-Empowerment bedingen sich gegenseitig. Was sich hinter diesen Begriffen verbirgt, soll nachfolgend genauer beleuchtet und vertieft werden.

---

[220] siehe 2.5. Zusammenfassung und methodische Konsequenzen, S. 37
[221] AXTER 2001, S. 140 f
[222] WRENTSCHUR 2004, S. 42 f
[223] einführend zu Zukunftswerkstätten im Empowerment: vgl. STARK 1996, S. 205 ff
[224] siehe 2.5. Zusammenfassung und methodische Konsequenzen, S. 37

5.1. Frei-Spiel

Viele Menschen sind passive ZuschauerInnen ihres eigenen Lebens, das in Routinen, Beziehungsmustern, Strukturen und Systemen gefangen und erstarrt ist. Sie empfinden sich selbst als handlungsunfähig, ohnmächtig und gehemmt. Die eigene Lage erscheint unveränderlich und ausweglos, worauf oftmals mit resignativer Anpassung an die Verhältnisse reagiert wird. 'Was kann ich denn schon tun?', lautet die hoffnungslose Frage. Insbesondere trifft dies für Menschen zu, die aufgrund äußerer Bedingungen in erheblichem Maße fremdbestimmt sind – dazu zählen z.B. Wohnungslose mit ständiger Vertreibungserfahrung genauso wie SozialarbeiterInnen in Sach- und Sparzwängen.

Die Tatsache, dass sich Menschen in Selbsthilfegruppen zusammenfinden, ist bereits ein erster bedeutender Schritt, um aus der Passivität und Ohnmacht auszubrechen. TdB unterstützt diesen Prozess der Aktivierung und Dynamisierung von Menschen, indem sich diese mit Hilfe des Theaters aus der Opferrolle (passives Objekt) herausspielen, sich von Fremdbestimmung frei spielen können. Dabei werden zunächst die inneren Blockaden und die verinnerlichten Unterdrückungsmechanismen (Polizisten in Kopf und Körper) bearbeitet.

> "Man geht weg von der weitverbreiteten Einstellung, (...) dass man gegen die 'Mächtigen' sowieso nichts ausrichten kann."[225]

Im Laufe dieser Selbstbefreiung wird die eigene Handlungsfähigkeit und Gestaltungsmacht erfahrbar. Eigene Stärken, Ressourcen, Kompetenzen und Möglichkeiten können (wieder-)entdeckt[226] werden.
Es geht im Wesentlichen um die "(...) Selbstdefinition der eigenen Rollen im sozialen Kontext (sich lösen von alten Rollenanteilen, Rollenflexibilisierung)".[227] Menschen können sich im TdB selbstbestimmt von ihren reduzierten und passiven Rollen (z.B. PatientIn, Arbeitslose/r, etc.) distanzieren und sich in ganzheitlichen und aktiven Rollen als Subjekte eigenen Handelns erfahren, die ihr Leben und die Gesellschaft gestalten.

---

225 BIBERMANN zit. nach BIBERMANN/SCHATZ 1999, S. 35
226 siehe 5.2. Eigen-Art, S. 80
227 SCHWEIZER 2001, S. 13

TdB ermöglicht Menschen, die sich primär als ohnmächtig und abhängig erleben, alternative (Rollen-)Erfahrungen. ZuschauerInnen werden zu ZuschauspielerInnen, kommen in Bewegung und können dadurch selbst etwas bewegen.
Zudem bekommen Menschen durch den spielerischen Umgang mit ernsten Ohnmachts- und Unterdrückungserfahrungen Distanz zur eigenen Problematik. Die oftmals lähmende Betroffenheit kann sich im Spiel in eine dynamisierende Katharsis wandeln. Dadurch entsteht nicht nur Beweglichkeit im Theaterkontext, sondern auch der Wunsch, darüber hinaus etwas zu bewegen. Die Selbsterfahrung wirkt in den Alltag hinein.[228]

5.2. Eigen-Art

Das Wort 'eigenartig' hat einen negativen Beiklang, so als ob es seltsam wäre, eine eigene Art zu haben.

TdB ist 'eigenartig', d.h. es kultiviert 'Eigen-Art' in einem doppelten Wortsinn: es geht vom einzelnen Menschen mit seiner eigenen Art, seiner Individualität aus, und fördert die jeweils eigene Kunst (englisch: art) des Ausdrucks der Menschen. Im TdB werden die Themen nicht von 'pädagogischen ExpertInnen' vorgegeben, die angeblich wissen, was die Betroffenen brauchen und wollen. Grundlage der theatralen Empowermentprozesse ist das subjektive (Er-)Leben der Menschen, sind ihre generativen Themen.
Um diese Themen darstellen und bearbeiten zu können, müssen die Betroffenen zunächst ihre Sprach- und Ausdruckslosigkeit (Kultur des Schweigens) überwinden. TdB zielt folglich auf die "(..) Wiederaneignung schöpferischer Kompetenz (…)"[229], indem es die (Wieder-)Entdeckung eigener Denk-, Sicht- und Ausdrucksweisen fördert. Die ureigene menschliche Sprache steht dafür zur Verfügung – die Sprache des Theaters. Sie setzt nicht nur eindimensional auf gesprochenes Wort, sondern bedient sich ganzheitlich des Körper- und Gesichtsausdrucks (verbale und nonverbale Kommunikation).

---

[228] siehe 5.6. Grenz-Überschreitung, S. 86
[229] GIPSER 1999, S. 12

> "Keine akrobatischen Leistungen sind angestrebt, sondern das Ausschöpfen all dessen, was in uns angelegt ist, denn nicht nur der Schauspieler, jeder kann Theater machen; nicht nur der Künstler kann Kunst machen – jeder Mensch ist ein Künstler."[230]

Auf diese Weise trägt das TdB zur Entdeckung und Erforschung von eigenen Selbsthilfepotentialen und verschütteten Ressourcen sowie Kompetenzen (Kreativität, Spontaneität, etc.) bei. Die jeweils eigene Art, subjektive Wahrnehmungen auszudrücken, darzustellen und zu kommunizieren, wird sichtbar und erfahrbar.
Die in 'Eigen-Art' dargestellten Themen können mit theatralen Mitteln bearbeitet werden. Dabei werden die Betroffenen als 'ExpertInnen in eigener Sache' selbst aktiv und entwickeln 'eigenartige' Ideen zur Veränderung, die *ihnen* angemessen sind.

> "Der Zuschauer ermächtigt keine Figur mehr, für ihn zu denken noch zu handeln. Der Zuschauer befreit sich: er denkt und handelt selbst."[231]

Die Menschen lernen in der szenischen Auseinandersetzung[232] mit sich selbst und anderen, ihre 'eigenartigen' Erfahrungen wahr- und ernstzunehmen, sowie ihre 'eigenartigen' Bedürfnisse und Wünsche zu erkennen und zu vertreten. Selbstreflexion führt zu Selbststärkung, die sich auch positiv auf andere Menschen auswirkt. Die Kenntnis und Achtung der eigenen Art ist die Voraussetzung für den Respekt vor der Art anderer Menschen.

5.3. Probe-Raum

Im hektischen Alltagsgeschehen ist es kaum möglich, zur Ruhe zu kommen, um Zeit und Raum für Reflexion oder gar das Erproben von Alternativen zu finden. 'Zeit ist Geld!', heißt es kurz und knapp.

TdB hat in diesem schnelllebigen Kontext eine wichtige Funktion: die der Entschleunigung. Diese wird insbesondere beim Statuen-/Bildertheater wirksam.

---

230 BOAL 1989, S. 174 f
231 ebd., S. 66
232 siehe 5.7. Konflikt-Kultur, S. 88

> "Indem sich mir eine statische Szene präsentiert, wird mir der 'Zeit-Raum' gegeben, sie in ihrer Komplexität zu erfassen und emotional sowie kognitiv zu verarbeiten. Ein ähnlicher Effekt läßt sich in der Rolle des 'Darstellenden' beobachten. Auch hier habe ich, anders als in der Realität, die Möglichkeit, durch die erzwungene Bewegungslosigkeit die (Konflikt-)Situation bewusster auszuhalten und wahrzunehmen."[233]

Diese Entschleunigungswirkung, die auch in den anderen Techniken des TdB gezielt genutzt werden kann, fördert die kritische Wahrnehmung und Analyse von Widersprüchen und Wirklichkeiten, ohne sofort (re-)agieren zu müssen. Die Reflexion bedarf jedoch immer der dialektischen Verbindung mit der Aktion.[234]

So wie das TdB in die zeitliche Ebene interveniert, so eröffnet es Frei- und Spielräume, die einen geschützten Rahmen für die Erprobung von Veränderungen der Wirklichkeiten bieten. Der untrennbare Zusammenhang zwischen Handlung und Wahrnehmung macht die Folgen einer jeden Aktion sofort sicht- und erfahrbar. In diesem 'Probe-Raum' kann mit Verhaltensweisen, Handlungsalternativen, Lösungsansätzen, Interventionsideen und Aktionsstrategien experimentiert werden. Dabei ist außer Gewalt alles möglich, auch und gerade 'ausgefallene', 'verrückte' und 'unmögliche' Versuche[235] finden ihren Platz. ZuschauspielerInnen können all das ausdrücken und ausprobieren, was sie schon immer einmal wollten aber sich nie getraut haben. Es gibt keine 'richtigen' oder 'falschen' Wahrnehmungen bzw. Versuche oder gar die 'beste' Lösung. Alles ist grundsätzlich interessant und wertvoll. Beispielsweise sind im Forumtheater gerade die gescheiterten Interventionen oft am aufschluss- und lehrreichsten.

Im TdB werden Wirklichkeiten (z.B. Machtverhältnisse, Beziehungsstrukturen, Unterdrückungsmechanismen, etc.) dargestellt, analysiert, transformiert, reflektiert, weiter verändert, etc.. Dieser künstlerisch-experimentelle Forschungsprozess der Kodierung und Dekodierung bewirkt die Bewusstwerdung[236], dass Wirklichkeiten veränderbar sind und Menschen fähig sind, diese Veränderungen anzustoßen. TdB ist erprobende Vorbereitung auf und von Veränderungen der Wirklichkeiten.

---

[233] DE VEER 1999, S. 6

[234] siehe 3. Exkurs: Pädagogik der Unterdrückten, S. 39

[235] siehe 5.4. Quer-Denken, S. 83

[236] siehe 3. Exkurs: Pädagogik der Unterdrückten, S. 39

Die konkrete Erfahrung, dass die Verantwortungsübernahme durch eigenes Handeln etwas bewegen kann und nicht wirkungslos verpufft, stellt eine Herausforderung für den Alltag dar. Damit das Theater nicht *nur* Schonraum bleibt, ist im TdB das explizite Ziel, den 'Probe-Raum' zu sprengen[237], die erprobten Veränderungen im Alltag umzusetzen.
Durch die neuen Erfahrungen mit sich selbst und anderen, wird ein verändertes Handeln und Sein im Alltag denkbar und damit potentiell machbar. Im 'Probe-Raum' wird das noch nicht Existente vorweggenommen. Wünsche, Träume, Visionen und Utopien bekommen eine Gestalt und können zukünftige Entwicklungen orientieren und antreiben.

5.4. Quer-Denken

Routinen in der Wahrnehmung, im Denken und Handeln bestimmen den Alltag von Menschen. Altbekanntes vermittelt ein Gefühl von Sicherheit und wird deshalb tendenziell Ungewöhnlichem und Neuem vorgezogen. Ganz nach dem Motto: 'Was der Bauer nicht kennt, frisst er nicht!' Der Preis für die 'Sicherheit' ist hoch, denn eingefahrene Wege bedeuten auch Konformismus.

TdB tanzt aus dieser Reihe, indem es die Veränderbarkeit von Menschen und Strukturen sowie die Vielfalt von Alternativen propagiert, als auch Phantasie und Kreativität generiert.

> "Eine wesentliche Grundlage von Empowermentprozessen ist daher jene Transformation traditioneller Wahrnehmung: ein 'gegen den Strich bürsten' alltäglicher Routinen."[238]

Genau dieses 'Quer-Denken' wird im TdB kultiviert. Folglich werden Wirklichkeiten immer auch als das wahrgenommen, was sie sein könnten. Im Theater gilt die Wahrheit, dass alles immer auch ganz anders sein oder werden könnte. Dieser neue Blickwinkel stellt die Frage nach dem 'Was wäre wenn...?', eröffnet ein breites Spektrum an Möglichkeiten und Optionen, eine Pluralität von Sicht- und Handlungsweisen.

---

[237] siehe 5.6. Grenz-Überschreitung, S. 86
[238] STARK 1996, S. 112

TdB geht wie Empowerment davon aus, "(...) daß soziale Probleme ihrem Wesen nach paradox und widersprüchlich sind und deshalb auch keine konvergenten, eindeutigen Lösungen erwartet werden können (Rappaport 1985). Viel eher wird es für ein und dieselbe Problemlage verschiedene, sich teilweise widersprechende, nichtsdestoweniger aber gleichwertige Lösungsmöglichkeiten geben."[239]
Ziel ist demnach nicht die Suche nach der 'richtigen' Lösung, sondern vielmehr die Erforschung und Erprobung[240] einer Vielfalt von Vorschlägen. Dies ist ein Prozess sozialer Kreativität, die als Kompetenz zur unkonventionellen, innovativen und flexiblen Bearbeitung sozialer Probleme und Konflikte verstanden wird.[241] Wenn, wie im TdB, eine Gruppe von Menschen gemeinschaftlich und dialogisch an Bildern und Szenen arbeitet, wird die soziale Kreativität durch Synergieeffekte potenziert.
Weitere Aspekte des 'Quer-Denkens' sind die Wertschätzung des 'Auffälligen' wie auch des 'Unauffälligen'. So haben z.B. im Forumtheater oftmals außergewöhnliche, verrückte und witzige Interventionen, die im Alltag als absurd, unsinnig und lächerlich abgetan würden, große Wirkung. Ebenso wirkungsvoll können kleine Veränderungsimpulse und Lösungsansätze sein, die sonst als unbedeutend gelten. Diese Erfahrung ermutigt zur Unzulänglichkeit, d.h. zur freien Improvisation im Alltag, die sich nicht mehr dadurch hemmen lässt, dass eine Lösungsidee angeblich nicht perfekt bzw. ernsthaft ist.

5.5. Lach-Macht

TdB ist das Theater der Menschen, die unterdrückt sind, also derjenigen, die angeblich nichts mehr zu lachen haben. 'Denen ist das Lachen vergangen', sagen diejenigen, die (noch) gut lachen haben.

Das TdB hingegen zelebriert das Lachen allem zum Trotz, als Akt des Widerstandes gegen den totalen Ernst. In den Worten der Punk-Theater-Band 'Härter bis Wolkig': 'Lacht kaputt, was euch kaputt macht!'

239 Stark 1996, S. 116 f
240 siehe 5.3. Probe-Raum, S. 81
241 vgl. Preiser 1997, S. 591

Die Praktikerin des TdB und Soziologin GIPSER zeichnet die Mechanismen nach, durch die Lachen sozialisiert, kontrolliert und kanalisiert wird. Gelacht werden dürfe nur zur richtigen Zeit am richtigen Ort. Zudem sei Lachen geschlechtsspezifisch unterschiedlich und verkomme oftmals zum gequälten Lächeln.[242]

> "Das Lächeln wird zur Zwangshandlung und unterscheidet sich damit entscheidend vom spontanen, berstenden Lachen. Lachen vereint die Lachenden und stellt Macht in Frage."[243]

Unkontrolliertes Lachen wird damit zum verbindenden und subversiven Element, das Machthaber und Machtstrukturen kritisch hinterfragt. Das freie Lachen legt den unterwürfigen Respekt vor Autoritäten ab und wird damit zur Gegenmacht, zur 'Lach-Macht'. Diese nimmt sich selbst ernst genug, kann aber auch über sich selbst lachen, was sie vor Allmachtsverlockungen schützt. Solches Lachen hat befreiende Wirkung, löst und bewegt verfestigte Zustände, nimmt die Angst und macht Mut.
Dies ist im TdB an vielen Stellen zu erleben, so z.B. wenn Unterdrücker grotesk verzerrt, karikiert und damit auch lächerlich dargestellt werden. WIEGAND hat beispielsweise den gezielten Einsatz von Humor in Forumtheaterszenen untersucht. Diese Maßnahme könne die ZuschauspielerInnen zum Lachen bringen und auf diese Weise deren Phantasie und damit ungewöhnliche, kreative und spontane Interventionen anregen.[244]
'Lach-Macht' kann alles auf den Kopf stellen. Dadurch wird scheinbar Unmögliches denkbar und damit machbar. Es kommt nicht darauf an, alles perfekt machen zu müssen. Wer über sich selbst und seine Situation lachen kann, schützt sich vor Überforderung genauso wie vor ohnmächtiger Resignation. Es geht um einen anderen Umgang mit der eigenen Betroffenheit, damit diese nicht in Verbitterung endet. Diese Funktion von Humor beschreibt z.B. der Sozialarbeiter STEINER anhand von eigenen provokanten Aktionen zur Thematik der gesellschaftsbedingten Behinderung.

> "Wir persiflierten unsere eigene Rolle als 'Musterkrüppelchen', hielten aber auch der Gesellschaft den Spiegel vor. Spott wurde uns zur Waffe."[245]

---

242 vgl. GIPSER 1991, S. 38 f
243 ebd., S. 39
244 vgl. WIEGAND 1999, S. 53
245 STEINER 1999, S. 133

Gemeinsames Lachen kann dabei eine befreiende Distanz zum Ernst der eigenen Problematik schaffen. Gerade Menschen, die scheinbar nicht viel oder gar nichts zu lachen haben, können der Verzweiflung und Ohmacht bewusst die 'Lach-Macht' entgegensetzen.

5.6. Grenz-Überschreitung

Wir sind daran gewöhnt, unsere Welt zu sortieren und zu klassifizieren. Beispiele hierfür sind die genauen Unterscheidungen in Praxis und Theorie, Privatsache und Politik, Ernst und Spiel, Laien und Professionelle, etc.. Getreu der Aufforderung 'Schuster bleib' bei deinem Leisten!' gibt es für jeden Teilbereich ExpertInnen, die für diesen, nicht aber darüber hinaus zuständig sind.

Das TdB überschreitet diese Grenzen. Es geht davon aus, dass sich Kunst, Politik, Pädagogik, Psychologie, Soziologie, etc. überschneiden, dass Theater überall stattfinden und von jedem gemacht werden kann, dass ZuschauerInnen zu ZuschauspielerInnen werden können, dass sich strukturell-gesellschaftliche Bedingungen, soziale Beziehungen und Individuen wechselseitig beeinflussen (Osmose), und dass Menschen in miteinander zusammenhängenden Wirklichkeiten und Fiktionen agieren können (Metaxis).
'Grenz-Überschreitung' ist ein sich fortsetzender Prozess der Bewusstwerdung im Sinne FREIRES. Einzelne überwinden ihre Isolation und tauschen sich in theatralem Dialog über ihre subjektiven Wahrnehmungen und Erfahrungen aus. Gemeinsam wagen sie die aktive Intervention in theatrale Fiktionen, erweitern ihr Handlungsrepertoire und erleben so die individuelle und kollektive Veränderungskraft.

> "Empowerment läuft auf Grenzüberschreitungen hinaus. Das Anknüpfen oder Entdecken von Potentialen in der eigenen Persönlichkeit bedeutet, biographisch gesetzte oder akzeptierte Grenzen zu überschreiten."[246]

Durch diese Erfahrung werden Menschen ermutigt, auch die Grenze zwischen theatralen Fiktionen und alltäglichen Wirklichkeiten zu überschreiten, d.h. den Transfer des Erprobten in den Alltag (Extrapolation) zu vollziehen.

---

[246] SCHWEIZER 2001, S. 13

Durch das TdB werden "(...) handlungsbezogene Überschreitungen des Gewohnten ermöglicht und (..) [der] Möglichkeitshorizont in persönlicher, gemeinschaftlicher und gesellschaftlicher Hinsicht (...)"[247] erweitert. Die durch Extrapolation bedingten Rückwirkungen des Theaters auf den Alltag sind nicht unbedingt offensichtlich erkennbar. Sie schlagen sich beispielsweise in der allmählichen Veränderung von Beziehungsstrukturen und Verhalten, sowie in der sich verändernden Einstellung zum eigenen Leben und zum Umfeld nieder.

Wenn die im TdB bearbeitete Problematik nach weiterführenden Lösungen verlangt (z.B. bei struktureller Gewalt), zielt Extrapolation auf die Intervention in Politik und Gesellschaft. Hiermit wird eine weitere Grenze überschritten: vom Mirkokosmos der Privat- oder Gruppensphäre in den Makrokosmos der Öffentlichkeit[248]. Unsichtbares Theater und Zeitungstheater mischen sich mit den eigenen Anliegen direkt in die öffentliche Meinungsbildung ein. Legislatives Theater ist eine erfolgreiche Form der Teilhabe an Entscheidungsfindungsprozessen und der Mitgestaltung von strukturellen Rahmenbedingungen auf verschiedenen Ebenen. Ausgangspunkt solcher Aktionen in der Öffentlichkeit ist immer das subjektive (Er-)Leben der Betroffenen bzw. sind die intersubjektiven Themen der Gruppe.

> "Die Selbsterfahrung im Rahmen des Proben- oder Workshopprozesses in der Gruppe und die eigene Person in der Rolle vor einem Publikum zu veröffentlichen ist politische Aktion. (...) Die Unpersönlichkeit, Abstraktheit und Allgemeinheit in der Politik der Mächtigen ist ein wesentlicher Mechanismus des Unterdrückens bzw. des Beibehaltens unterdrückerischer Strukturen. 'Politik der Unterdrückten' ist persönlich, konkret, spezifisch, sie würdigt die einzelne Person als sie selbst, sie geht von der/dem einzelnen und ihrer/seiner (Unterdrückungs)Situation aus, fragt nach vergleichbaren Erfahrungen in einer Gruppe/Klasse und formuliert daraus ihre Anliegen."[249]

Man könnte auch von der Politisierung der (solidarischen) Betroffenheit sprechen. Diese 'Grenz-Überschreitung' macht das Private zum Politischen und bildet einen wichtigen Gegenpol zum ausgrenzenden Trend der Individualisierung und Psychologisierung originär gesellschaftlich-politischer Problemlagen.

---

[247] WRENTSCHUR 2004, S. 46

[248] siehe 5.8. Öffentlichkeits-Arbeit, S. 89

[249] THONHAUSER 1999, S. 82 f (Hervorhebungen im Original)

> "Damit werden aber auch gesellschaftliche Konflikte thematisiert entgegen einem hegemonialen Diskurs, der in der Herrschaft von Konsens und Harmonie gründet und dazu tendiert, bestehende gesellschaftliche Ungleichheiten oder Widersprüche auszuschließen oder sie als individuelle Problemlagen oder 'privates' Versagen benachteiligter Gruppen zu deuten."[250]

5.7. Konflikt-Kultur

Ein falsch verstandenes 'friedliches' Zusammenleben versucht Streit zu vermeiden. Durch diese 'Harmoniesucht' und 'Gleichmacherei' werden Unterschiede und Widerstände verleugnet, verschwiegen und verschleiert. 'Alles um des lieben Friedens willen!', versteht sich.

TdB hingegen pflegt die 'Konflikt-Kultur'. Auf kreative und konstruktive Weise inszeniert, analysiert und bearbeitet es Konfrontationen und Krisen.

> "Das Wort Krise beinhaltet [in der chinesischen Sprache] (..) zwei Bedeutungen, nämlich 'Gefahr' und 'Gelegenheit'. Das Zusammentreffen dieser beiden Bedeutungen definiert 'Krise', wie wir sie im Theater der Unterdrückten verstehen."[251]

Die gefährliche Gelegenheit ist ein wertvolles Wagnis, das wichtige Funktionen erfüllt. Konflikte sind dann sowohl Indikatoren, d.h. sie deuten auf (drängende) Probleme hin, als auch Katalysatoren, d.h. sie fordern (meist überfällige) Entscheidungen heraus und bewirken (notwendige) Veränderungen.
Empowermentprozesse sind untrennbar mit Konflikten verbunden, weil durch die Selbstbemächtigung der einen, die Machtmonopole anderer (z.B. der ExpertInnen) herausgefordert werden.
Im Übungsfeld des TdB können Menschen erleben, wie ihre Konfrontation mit inszenierten Konflikten und ihre Selbstbehauptung im Spiel verschiedene soziale, körpersprachliche, verbale, emotionale und kognitive Ressourcen und Stärken (re-)aktiviert. Sie können lernen, sich konfliktiven Situationen zu stellen, ohne sich von ihnen lähmen zu lassen – eine Erfahrung, die über die Fiktion des Theaters hinauswirkt.

---

[250] WRENTSCHUR 2004, S. 45
[251] BOAL 1999, S. 61

WIEGAND ist überzeugt davon, dass die regelmäßige Auseinandersetzung mit theatralen Krisen "(...) einen positiven Einfluß auf die Konfliktfähigkeit der meisten Teilnehmer/innen ausübt und sie spielmächtiger und entscheidungsfreudiger werden läßt."[252]
Entsprechend äußert sich eine Teilnehmerin der kontinuierlichen Forumtheatergruppe im Treffpunkt Klinikpersonal Innsbruck:

> "In realen Konfliktsituationen bin ich mutiger geworden, habe weniger Angst etwas zu zerstören, nehme mich daher nach einer Konfrontation nicht wieder sofort zurück und relativiere nicht postwendend das vorher Gesagte. Das tut mir und den Menschen in meiner Umgebung gut."[253]

Wer die eigenen Bedürfnisse, Wünsche und Interessen wahr- und ernstnimmt[254], ist sich selbst und anderen gegenüber ehrlich und klar. Diese Klarheit ist auch für das Austragen von Konflikten auf gesellschaftlich-politischer Ebene hilfreich.

5.8. Öffentlichkeits-Arbeit

'Ich denke was ich will, und was mich beglücket, doch alles in der Still, und wie es sich schicket...'. Mit diesen Worten beginnt eine Strophe des Liedes 'Die Gedanken sind frei'. Die freie Meinungsäußerung bleibt oftmals im stillen Kämmerlein und hinter vorgehaltener Hand, damit die öffentliche Ruhe und Ordnung nicht gestört wird. Diese geordnete Ruhe kann allerdings eine Ausdrucksform der von FREIRE beschriebenen Kultur des Schweigens sein.

Indem das TdB den Dialog mit der schweigenden Gesellschaft sucht, wird diese zur Zielgruppe und die 'Öffentlichkeits-Arbeit' zur Aufgabe. Dies entspricht der für emanzipatorische Selbsthilfe notwendigen "(...) Auseinandersetzung in und mit der Gesellschaft, die da transformiert, verändert werden soll (...)".[255]

---

252 WIEGAND 1999, S. 55
253 WAIDHOFER zit. nach BIBERMANN/SCHATZ 1999, S. 34
254 siehe 5.2. Eigen-Art, S. 80
255 EHRENFORTH 1984, S. 150

Eine der Stärken des TdB liegt darin, dass es die meist nur schwer fassbare strukturelle Gewalt, sowie subtile Unterdrückungsmechanismen sichtbar machen kann, da deren konkrete Auswirkungen und Spiegelungen (Osmose) im Alltag von Menschen dargestellt werden. Gesellschaftliche Missstände und Widersprüche, die normalerweise 'unsichtbar' bleiben, können auf diese Weise aufgedeckt, entlarvt und bearbeitet werden.

> "In der politischen Arbeit mit dem Theater der Unterdrückten erscheint die Charakterisierung des Theaters als 'Telemikroskop' besonders zutreffend: Es wird herangeholt, was in der Ferne liegt und vergrößert, was klein ist. Abstrakte politische Inhalte können auf konkrete Situationen bezogen werden, unscheinbare, verdeckte Unterdrückung kann vergrößert, das heißt für die breite Öffentlichkeit sichtbar gemacht werden."[256]

Die Voraussetzung für das Erreichen von Menschen in der Öffentlichkeit ist die Außenorientierung der Gruppe, d.h. die Überschreitung der Grenze[257] zwischen Gruppe und Öffentlichkeit.

> "Menschen können an ihren Orten und in ihren Zusammenhängen dazu ermutigt werden, sich des künstlerischen Mediums des Theaters zu bedienen, um sich als Personen und als Gruppe auch in der Öffentlichkeit über ihre Lebenssituation authentisch auszudrücken, zu artikulieren und sich dadurch Gehör zu verschaffen."[258]

Die im Prozess der internen Gruppenarbeit (wieder-)entdeckten bzw. entwikkelten, expressiven Fähigkeiten dienen dazu, Position zu beziehen, Protest zu äußern, Meinungen zu vertreten und politische Forderungen oder auch Anregungen zu artikulieren. TdB ist gewissermaßen Werkzeug zur laut- und ausdrucksstarken, öffentlichen Darstellung eigener Anliegen in eigenem Namen.

Wer allerdings beim Kampf für die eigene Würde die Menschen in der Öffentlichkeit durch Monologe im Schweigen hält, greift auf bevormundende und damit unterdrückerische Mittel zurück und diskreditiert damit die Legitimität seiner Aktion. Deshalb ist das Ziel des TdB, dialogische Wege zu eröffnen, d.h. theatrale Fragen zu stellen, die eine Beantwortung (z.B. als Interventionen in öffentlichen Forumtheaterveranstaltungen oder im Unsichtbaren Theater) durch Menschen im öffentlichen Raum provozieren.

---

[256] NEUROTH 1994, S. 108
[257] siehe 5.6. Grenz-Überschreitung, S. 86
[258] WRENTSCHUR 2004, S. 45

Das Kommunikations- und Interaktionsangebot an das Publikum soll das Schweigen brechen. So können z.B. konkrete politische Vorschläge zur eigenen Problemlage auf sozialräumlicher Ebene mit anderen (solidarisch) Betroffenen szenisch diskutiert und möglicherweise in Form des Legislativen Theaters weitergeführt werden.
Auch für eine medienorientierte 'Öffentlichkeits-Arbeit' eignen sich die Techniken des TdB in herausragender Weise.

> "Fernsehen ohne Bilder ist kaum vorstellbar. Theater im öffentlichen Raum kann diese Bilder liefern, weil durch die Theatralisierung und Ästhetisierung von Politik eine visuelle Sinnlichkeit erzeugt wird, die zur näheren Beschäftigung mit der dargestellten Thematik anregt."[259]

In einer Mediengesellschaft wie der unseren, ist die Bedeutung des Aufgreifens und Einbringens von Themen nicht zu unterschätzen, denn mächtig ist insbesondere "(...) der, der die Probleme definiert und damit die politische Agenda bestimmt."[260]

---

[259] BAUMANN/HAHN 2004, S. 303
[260] ROTHSCHUH 2004, S. 30

6. Anregungen zur Praxisanwendung des Theaters der Befreiung als Selbsthilfe-Empowerment

"THEATER ALS MITTEL ZUR SELBSTHILFE: DAS IST NEUE KUNST."[261]

- AUGUSTO BOAL -

Nach dem Versuch, die Brauchbarkeit des TdB für Empowermentprozesse im Selbsthilfekontext zu erörtern und zu veranschaulichen, geht es in den folgenden, abschließenden Ausführungen um konkrete Möglichkeiten der Umsetzung in die Praxis. Diese Anregungen und Ideen sind bewusst kurz gehalten und nicht ausführlich konzipiert. Sie sollen Mut machende Ansätze aufzeigen. TdB kann einen ernstzunehmenden Beitrag leisten, um die 'Zähmung' von Selbsthilfe zu vermeiden, damit diese "(...) kämpferisch, frech, gesellschaftskritisch (..) [wird bzw. bleibt]. Wir können den langen Atem, den wir brauchen, haben."[262] Die dialektische Verbindung von zuversichtlichem Handeln und handelnder Zuversicht ist die Voraussetzung für diese Ausdauer. Das TdB vereint beides – konkrete Schritte und zukunftsweisende Utopien.

Die folgenden Praxisanregungen basieren jeweils auf Schritten, also konkreten Erfahrungen, die bereits gemacht wurden. Sie gehen aber auch darüber hinaus und skizzieren teilweise utopische Entwürfe. Indem sie sich aber über das Existente hinauswagen, eröffnen sie neue denkbare Wege. In diesem Sinne seien drei Möglichkeiten genauer dargestellt:

- Multiplikation und Integration des TdB innerhalb bestehender Selbsthilfestrukturen (6.1.)
- Anwendung des TdB in der emanzipatorischen Gruppenselbsthilfe marginalisierter Menschen (6.2.)
- Selbstanwendung des TdB zur Weiterentwicklung Sozialer Arbeit (6.3.)

---

[261] BOAL im Interview mit RINKE 1993, S. 50
[262] STEINER 1999, S. 137

Diese drei Ideen können sich trotz ihrer Unterschiede konzeptionell grundsätzlich an der Methodologie[263] des TdB orientieren. Des weiteren gilt bei allen Überlegungen zur Praxisanwendung, dass entsprechend den Prinzipien des TdB, des Empowerment und der Selbsthilfe, die Menschen im Mittelpunkt stehen müssen. Es geht nicht um die 'technokratisch-rezeptologische' Implementierung der Techniken, sondern um die AdressatInnen-, Prozess- und Kontextorientierung in deren Umsetzung.

6.1. Seminare mit MultiplikatorInnen aus dem Selbsthilfe-Kontext

Zunächst sollen ausgewählte Vorüberlegungen und Vorerfahrungen als Ausgangspunkt dienen:

WIEGAND, ein Praktiker des TdB, stellte bereits 1988 in einem kurzen Artikel, der in der Informationszeitschrift der Nationalen Kontakt- und Informationsstelle zur Anregung und Unterstützung von Selbsthilfegruppen (NAKOS-Info) erschien, einige grundsätzliche Überlegungen zur Anwendung von Theatertechniken (u.a. nach BOAL) in Selbsthilfegruppen an. Er bezieht sich darin auf den Selbsthilfe-Grundsatz 'Reden und Handeln' und plädiert für eine Ergänzung und Erweiterung der gesprächsorientierten Gruppenpraxis durch die Integration von Körper- und Theaterarbeit.[264]

> "(...) [Die] Arbeit in einer Selbsthilfegruppe soll effektiv sein und gleichzeitig auch Spaß machen. Diese zwei Ziele sind aber mit geeigneten Übungen oft wesentlich leichter zu erreichen als mit einer rein gesprächsorientierten Methode."[265]

Der Psychologe und Selbsthilfeunterstützer MOELLER hat die Vor- und Nachteile von didaktisch-methodischen Programmen in Selbsthilfegruppen differenziert beleuchtet. Er kommt zu dem Schluss, dass Selbsthilfegruppen auf Handlungsanleitungen verzichten sollten, um sich nicht von ihnen abhängig zu machen.[266] Es sei denn, "(...) laufende Selbsthilfegruppen [beginnen sich] für Übungen zu interessieren (...). Solche Bedürfnisse entstehen aus dem

---

[263] siehe 4.5. Methodologie des Theaters der Befreiung, S. 65
[264] vgl. WIEGAND 1988, S. 25 f
[265] KEIDEL/GEISLINGER 1995, S. 223
[266] vgl. MOELLER 1996, S. 245 ff

selbsttätigen Gruppenprozeß, sie sind durch Eigenständigkeit gegenüber dem Programm charakterisiert."[267]

Genau an dieser Stelle setzt die Idee an, **Fortbildungen** zum TdB für Selbsthilfegruppenmitglieder und SelbsthilfeunterstützerInnen anzubieten, die nach hilfreichen Methoden suchen bzw. selbst schon in dieser Richtung experimentiert haben. Auf diese Weise können Interessierte aus dem Selbsthilfekontext zu potentiellen MultiplikatorInnen des TdB werden. Sie lernen ein wirksames Empowerment-Werkzeug kennen, erproben und reflektieren es und wenden es zukünftig möglicherweise selbst in den Gruppen an. Mitglieder von Selbsthilfegruppen bestimmen dadurch die Art und Weise der Umsetzung des TdB im Gruppenrahmen selbst, ohne dafür von ExpertInnen abhängig zu sein. UnterstützerInnen von Selbsthilfegruppen haben ihrerseits die Möglichkeit, das TdB an Gruppen weiterzuvermitteln, die Interesse an kreativhandlungsorientierten Arbeitsweisen haben. Zudem steht ihnen z.B. mit dem Forumtheater ein erprobtes Instrument der Konfliktbearbeitung zur Verfügung, wenn Selbsthilfegruppen externe Unterstützung bei internen Problemen wünschen.
Inhaltliche Schwierigkeiten der Selbsthilfegruppenunterstützung (z.B. Schaffung neuer Abhängigkeiten) werden mit der Vermittlung von Methodologie und Formen des TdB allerdings noch nicht thematisiert. Daraus entsteht eine zweite, ergänzende Idee. Interessierte Mitglieder aus Selbsthilfegruppen und deren UnterstützerInnen können in gemeinsamen **Workshops** mit Techniken des TdB die Erfahrungen aus den Gruppen, insbesondere bezüglich der Unterstützung und Kooperation, (selbst-)kritisch reflektieren und Veränderungen erproben. So werden beispielsweise Rollen, Kompetenzen, Bedürfnisse und Erwartungen aller Beteiligten mit theatralen Mitteln kommuniziert, diskutiert und im günstigsten Falle geklärt. Konkret denkbar wäre z.B. die szenische Darstellung des wohlwollenden aber bevormundenden Engagements eines/ einer Professionellen in einer dadurch genervten aber schweigenden Gruppe. Diese Szene könnte im Rahmen des Forumtheaters sowohl gruppenintern, als auch bei einem Gesamttreffen verschiedener Selbsthilfegruppen und UnterstützerInnen bearbeitet werden. Darüber hinaus wäre es bei Zustimmung und Interesse aller Beteiligten möglich, Workshopergebnisse (z.B. als Un-

[267] MOELLER 1996, S. 248

sichtbares Theater, Zeitungstheater, etc.) zu Selbsthilfetagen oder anderen Veranstaltungen an die Öffentlichkeit zu bringen.
Auch wenn in Fortbildungen zum TdB die diversen Theaterformen durch inhaltliche Fragestellungen und Themen veranschaulicht werden, geht es dennoch primär um die Vermittlung der in die Methodologie eingebundenen Techniken. In den Workshops hingegen, steht die Bearbeitung der Inhalte, also der generativen Themen der TeilnehmerInnen im Vordergrund. Fortbildungen und Workshops ergänzen sich insofern gegenseitig. Möglich wäre aber auch die **Kombination** eines kurzen Einstiegsworkshops, mit einer sich daran anschließenden, vertiefenden Fortbildung über einen längeren Zeitraum.
Organisatorisch könnten Seminare zum TdB in Form von (kombinierten) Fortbildungen bzw. Workshops an die Selbsthilfekontaktstellen angegliedert werden. Auch die Nutzung anderer Strukturen der Selbsthilfe auf verschiedenen Ebenen kann hilfreich sein. Im Jahresprogramm 2004 der Stiftung MITARBEIT werden beispielsweise bedarfsorientierte und dezentrale Seminare zum Forumtheater 'auf Bestellung' angeboten.[268] Die Nationale Kontakt- und Informationsstelle zur Anregung und Unterstützung von Selbsthilfegruppen (NAKOS) ist u.a. ein wichtiges Forum für den Informations- und Erfahrungsaustausch.
Die konzeptionelle Entwicklung und Ausarbeitung entsprechender Seminarangebote sollte sich an der Methodologie des TdB orientieren und kann auch auf bereits dokumentierte Erfahrungen aus dem Selbsthilfekontext zurückgreifen. Ein herausragendes Beispiel hierfür ist die Selbsthilfegruppen-Trainingsreihe, die seit einigen Jahren von der Sozialpädagogin SCHNEIDER-SCHELTE und dem Psychodramaleiter LIEFERT in Berlin angeboten wird. Diese Baustein-Fortbildung umfasst acht Seminartage (an vier Wochenenden) und orientiert sich am Gruppenphasenmodell (Ankommen/Auftauen/Orientierung – Gärung/Klärung – Arbeitslust/Produktivität – Abschluss/Transfer/Abschied). Dabei wird in ganzheitlicher, handlungs- und erlebnisorientierter Arbeitsweise (z.B. psychodramatische Techniken, etc.) ein breites Spektrum von prozessorientierter Theorievermittlung (z.B. Konfliktphasen, etc.) bis zu teilnehmerorientierter Reflexion von Selbsterfahrung (z.B. Rollenspiel) abgedeckt. Ein

[268] vgl. STIFTUNG MITARBEIT 2003, S. 20 f

weiterführendes Supervisionsangebot für ehemalige TeilnehmerInnen ergänzt die Fortbildungsreihe.[269]

Das Vorhaben, TdB in bestehenden Selbsthilfestrukturen anzuwenden und zu multiplizieren, sollte auch an 'vergessene' Selbsthilfeformen denken. Es geht um Menschen und Gruppen, die sich selbst vielleicht nicht mit Selbsthilfe identifizieren und auch nicht damit assoziiert werden, diese aber faktisch leben. Dies führt zur zweiten Anregung.

6.2. Theaterarbeit 'ungehörter' Betroffener als Form emanzipatorischer Selbsthilfe

Zu Beginn steht die Frage im Raum, wer die Betroffenen sind, die nicht (ausreichend) gehört werden. Hierzu zählen meines Erachtens insbesondere Menschen, die von Wohnungslosigkeit, Arbeitslosigkeit, Sucht, Zwangsunterbringung (z.B. in Flüchtlingswohnheimen), etc. betroffen sind und Diskriminierungs- bzw. Ausgrenzungserfahrungen machen. Oder anders: Menschen, die gelernt haben, mit mehrfacher Benachteiligung, Marginalisierung und Stigmatisierung zu leben, deren Stimme aber nicht wahr- bzw. nicht ernstgenommen wird.
Ihre Formen von Selbsthilfe im Alltag (z.B. Überleben ohne gesicherte Existenzgrundlage) werden oftmals übergangen oder diskreditiert. So "(..) wird [z.B.] Wohnungslosen selbst in Helferkreisen gerne unterstellt, sie bedürfen ständiger Fürsorge und Hilfe. Sie seien unfähig zur Selbsthilfe."[270] Diesen Mythos gilt es zu entlarven:

> "Vor allem kommt es darauf an, die oft geäußerte Überzeugung, es gäbe nun einmal 'passive Gruppen', die sich ganz und gar nicht selbst helfen können, als das zu durchschauen, was sie ist: als Vorurteil. Sie ist schlechthin die Lieblingsbefürchtung aller versorgenden, verwaltenden und regierenden Experten, mit der sie ihre eigene Rolle (und Macht) rechtfertigen und zementieren."[271]

[269] vgl. SCHNEIDER-SCHELTE/LIEFERT 2003, S. 84 ff
[270] GILLICH 2002, S. 170
[271] MOELLER 1996, S. 95

Von Seiten der solidarischen UnterstützerInnen ist insbesondere in der Arbeit mit 'ungehörten' Menschen eine selbstkritische Wachsamkeit bezüglich ihrer eigenen Machtrolle gefragt. Sie sollten die wie auch immer geartete Selbsthilfe von Betroffenen nur auf deren ausdrücklichen Wunsch und dann zwar verbindlich, aber zurückhaltend begleiten. Das dialogische Prinzip nach FREIRE ist auch in diesem Zusammenhang die Basis. Das TdB kann als dialogisches Werkzeug die Menschen darin unterstützen, ihre meist nur verschütteten Selbsthilfepotentiale zu aktivieren, sich der eigenen Macht und der verfügbaren Ressourcen bewusst zu werden und diese gezielt einzusetzen. Die folgenden, exemplarisch ausgewählten Praxiserfahrungen bestätigen die erfolgreiche Anwendung des TdB in der Gruppenarbeit mit marginalisierten Menschen:

Innerhalb der 'TdB-Szene' im deutschsprachigen Raum fallen zwei Forumtheatergruppen Betroffener durch ihre kontinuierliche Arbeit und ihren politisch-emanzipatorischen Charakter auf. Beide Gruppen bestehen mehrheitlich aus Menschen mit eigener Migrations- und Fluchterfahrung, die vor allem mit der Form des Forumtheaters den öffentlichen Dialog bezüglich eigener Anliegen suchen. Die eine trägt den Namen 'RAAbenschwarz' (angelehnt an die Regionale Arbeitsstelle für Ausländerfragen – RAA) und wirkt seit Anfang 2001 in Berlin und darüber hinaus.[272] Die andere nennt sich 'KANNĀDI' (tamilisch: Spiegel), besteht seit Ende 2002 und ist ans Allerweltshaus in Köln angegliedert.[273]
Ein anderes herausragendes Beispiel ist das seit Herbst 2000 bestehende soziokulturelle Theaterprojekt 'wohnungs/LOS/theatern' in Graz. Wohnungslose Menschen treffen sich dabei einmal wöchentlich und bearbeiten ihre Situation mit Techniken des TdB. Mittels öffentlicher Forumtheaterveranstaltungen im Sinne des Legislativen Theaters wird der Dialog mit BürgerInnen und PolitikerInnen gesucht. Ein exemplarisches Ergebnis dieser Arbeit ist die Entwicklung einer 'Deklaration über die Belange und Interessen wohnungsloser Menschen', die städtischen Abgeordneten bei einer Aufführung im Grazer Rathaus übergeben wurde.[274]

---

[272] vgl. BALA/LEUCHT/REICH 2004, S. 207 ff
[273] vgl. GORIUS/WILCKENS-VON HEIN 2004, S. 184 ff
[274] vgl. WRENTSCHUR/RUCKERBAUER 2004, S. 199 ff

Diese und andere, hier ungenannte Gruppen verbindet, dass sie über die interne Theaterarbeit hinausgehen und auch einen bewusst extrovertierten Umgang mit ihrer Betroffenheit wählen.

> "'Wir kommunizieren uns': Durch das gemeinsam geformte und getragene Produkt können wir Informationen über uns, d.h. über die Lebenskultur von Randgruppen, an Personen vermitteln, die sonst keinen Kontakt mit dieser Realität haben (...)."[275]

Mit Mitteln des TdB wird die eigene Lebenswelt und das eigene Erleben aus dem 'Unsichtbaren' geholt. Dadurch, dass die scheinbar unspektakuläre Lebenserfahrung ins Licht der Öffentlichkeit gerückt wird, gewinnt sie an Bedeutung – sie spielt eine Rolle!
Ein Nebeneffekt dieses emanzipatorischen Selbsthilfe-Empowerments ist die Aneignung öffentlicher Räume und ihre Nutzung zur Interessensartikulation.

> "Menschen am Rande der Gesellschaft verfügen oft über ein außergewöhnliches Maß an Kreativität und Improvisationsfähigkeit gerade auch in darstellerischer Hinsicht. In ihrer eigenen Art, Dinge direkt und unverblümt anzusprechen, liegt eine große Stärke ihrer Ausdruckskraft. (...) [Die Theaterarbeit mit ihnen ist] die einmalige Chance, aus Betroffenen betroffene ExpertInnen zu machen, die sich artikulieren, die ihre Anliegen und Interessen zum Ausdruck bringen. Dies zeigt, wie Theaterspiel zu Empowerment und Veränderung beitragen kann: Die 'Betroffenen' werden dabei nicht 'als arme Opfer' angesehen, sondern als 'experimentierfreudige Kunstschaffende', die durch 'authentische Theaterarbeit' ihre spezifischen Erfahrungen und Sichtweisen auf die Bühne bringen, denn sie sind es, die über einen reichen Fundus an existentiellen Lebenserfahrungen verfügen. Dabei steht nicht die Sozialarbeit oder Therapie im Mittelpunkt sondern die künstlerische Arbeit, mit der diese Erfahrungen zum Ausdruck gebracht werden."[276]

(Selbsthilfe-)Gruppen, die in diesem Sinne mit dem TdB arbeiten, gibt es noch sehr wenige. Die Initiierung und ggf. Begleitung solcher Gruppen wäre ein neues Aufgabenfeld für Professionelle der Sozialen Arbeit. Dabei kann die Nutzung von bestehenden Strukturen und Netzwerken, sowie die Einbindung von entsprechenden sozialen Einrichtungen (z.B. Arbeitslosentreffs), den Zugang erleichtern und Synergieeffekte bewirken. Insbesondere aber sollten Eigenaktivitäten der Betroffenen bzw. Ansätze davon aufgegriffen werden, ohne diese für die eigenen Zwecke zu instrumentalisieren. Die Entscheidung, ob mit dem TdB gearbeitet werden soll, muss unbedingt bei den Betroffenen liegen.

---

[275] SCHWEIZER 2001, S. 15
[276] WRENTSCHUR/RUCKERBAUER 2004, S. 204

Ein Beispiel für eine 'anschlussfähige' Eigeninitiative sind die öffentlichkeitswirksamen Aktionen der 'Streetpunks', einer Gruppe junger Wohnungsloser in Freiburg. Sie verteilten z.B. zum Zwecke des 'Informationsgewinns' einige Hundert Lose (z.B. 'Wohnungs-Lose', 'Gnaden-Lose', etc.) an PassantInnen und inszenierten einen 'Säuberungs-Umzug', bei dem wohnungslose Punks als 'sozialer Müll' mit überdimensionierten Besen aus der Stadt gefegt wurden.

Theatrale Aktion junger Wohnungsloser

„Z' Friburg in der Stadt sufer isch's und glatt" – mit einem Straßentheater protestierten gestern Punks gegen das von ihnen als „Vertreibungspolitik" empfundene Vorgehen der Stadtverwaltung.

aus: BADISCHE ZEITUNG (Freiburger Zeitung) vom 04. Dezember 2003, S. 20

An die selbstbestimmte Wahl solcher bereits theatralen Ausdrucksformen könnte mit dem TdB angeknüpft werden.

Zwei Möglichkeiten sind grundsätzlich denkbar. Einer bestehenden Gruppe wird die Vermittlung der Arbeitsweise TdB angeboten und sie interessiert sich

möglicherweise dafür. Oder aber einzelne Interessierte finden sich über ein Angebot zum TdB (z.B. einführender Workshop in einer Anlaufstelle), woraus eine Gruppe hervorgehen könnte.
Das Ziel von UnterstützerInnen muss immer sein, die Gruppe nicht von sich abhängig zu machen. Erschwert wird dies allerdings durch internalisierte, fremdbestimmte Sichtweisen der Betroffenen auf ihre eigene Situation.

> "Auch das Selbstbild von Armen ist durch die gesellschaftlichen Vorurteile zur Armut geprägt: daß nämlich unsere Gesellschaft jedem seine Chance gebe und der Arme selbst schuld sei an seiner Armut. Dieses Selbstbild des Armen führt zur Lähmung im eigenen Verhalten, zu sozialem Rückzug (der durch das Verhalten der Umwelt begünstigt wird) und zu individuellen Überlebensstrategien. Arme trauen ihren eigenen Fähigkeiten auf Dauer immer weniger und entwickeln häufig Phantasien einer 'Rettung von außen'. Hierher gehört, daß sie dazu neigen, das Gruppengeschäft besonders aktiven und/oder kompetenten 'Autoritäten' zu überlassen, die dann zu 'Gruppenkaisern' werden."[277]

Wenn jedoch die Theaterarbeit konsequent an der Methodologie des TdB ausgerichtet wird und nicht nur einzelne Formen (z.B. Unsichtbares Theater) aktionsbezogen aus dem Zusammenhang gerissen werden, kann diesen antidialogischen Entwicklungen in der Gruppenarbeit von vornherein entgegengewirkt werden.

Damit emanzipatorische Selbsthilfe-Empowerment-Theatergruppen arbeitsfähig werden bzw. bleiben können, bedarf es bestimmter Voraussetzungen. Insbesondere ist hierbei an einen passenden zeitlichen Rahmen, sowie an geeignete Räumlichkeiten zu denken. Was passend und geeignet ist, müssen alle Beteiligten gemeinsam aushandeln und entscheiden. Auch der finanzielle Rahmen will wohl überlegt sein. Möglicherweise entstehen Ausgaben für Lebensmittel, Raummieten, Fahrtkosten, Requisiten, etc. und ggf. finanzielle Aufwandsentschädigungen für die Gruppenmitglieder. Dies macht einen Finanzierungsmix aus Eigenmitteln (einer unterstützenden Einrichtung), öffentlichen und privaten Fördergeldern (meist projektbezogen und damit zeitlich befristet), sowie Spenden oftmals unumgänglich. Da jedoch "(...) Geldgeber so gut wie immer einen Zugriff auf Ziele und Methoden der Arbeit (...)"[278] haben, kann ein hoher Anteil an Fremdfinanzierung eine nicht unwesentliche Fremdbestimmung bedeuten.

---

277 BREMEN 1991, S. 165
278 STEINER 1999, S. 138

Die begleitenden Professionellen sollten sich allerdings nicht allein für die Schaffung der Rahmenbedingungen verantwortlich fühlen, sondern die Gruppe darin einbinden. Nur wenn die UnterstützerInnen lernen, Verantwortung zu teilen, teilen sie auch ihre Macht und beugen so Abhängigkeiten vor. Dies erfordert von ihnen die Konfrontation mit sich selbst und führt damit zur dritten Praxisanregung.

6.3. 'Entwicklungstheater' als Selbsthilfe von Professionellen der Sozialen Arbeit

Abschließend soll nun der Blick auf die eigene Profession gelenkt werden. (Angehende) SozialarbeiterInnen und SozialpädagogInnen im Studium, in Praktika, in der beruflichen Praxis und in Fort- und Weiterbildung sind die Zielgruppe der berufsbezogenen 'Entwicklungs-Selbsthilfe' mit dem TdB. Diese Idee basiert auf verschiedenen Vorschlägen:

MOELLER empfiehlt, dass spätere Fachkräfte und damit potentielle UnterstützerInnen bzw. KooperationspartnerInnen, den Bereich Selbsthilfe 'von innen' kennen lernen sollten. Eine Möglichkeit wäre "(...) die *Selbstanwendung* [der Gruppenselbsthilfe] in oder außerhalb eines Ausbildungsganges für psychosoziale Berufe. Die Psychoanalytiker-Selbsthilfegruppe in Chicago ist ein Beispiel dafür, die Selbsthilfegruppe im Rahmen der Krankenschwesternausbildung an einer New Yorker Klinik ein anderes."[279]
Nach STARK müssen sich Professionelle zunächst ihrer eigenen Fähigkeiten und Potentiale bewusst werden, um Stärken bei anderen Menschen wahrnehmen und damit Empowermentprozesse fördern zu können.[280]
FORNEFELD stellt die große Bedeutung des TdB in der (Sonder-)Pädagogikausbildung fest. Ihre Einschätzung basiert auf einer von ihr ausgewerteten, schriftlichen Befragung (ehemaliger) Studierender, die im Zeitraum von zehn Jahren an TdB-Seminaren des kontinuierlichen Handlungsforschungsprojektes 'Der brüchige Habitus'[281] der Universitäten Hamburg und Hannover teilgenommen haben. Sie plädiert dafür, dass angehende PädagogInnen mittels

[279] MOELLER 1996, S. 338 (Hervorhebung im Original)
[280] vgl. STARK 1996, S. 181 ff
[281] ausführliche Dokumentation des Projektes: vgl. BÜLOW-SCHRAMM/GIPSER (Hg.) 1997

des TdB sich selbst und ihre Rollen mit allen Widersprüchen kennen lernen und reflektieren sollten.[282]

Die Anregung, das TdB als Werkzeug für Selbsthilfe-Empowerment in die Aus-, Fort- und Weiterbildung, sowie in die Praxisbegleitung Sozialer Arbeit zu integrieren, greift diese Erfahrungen und Empfehlungen auf und führt sie weiter.

Dies hat zwei Aspekte:

Professionelle wenden das TdB zur Bearbeitung eigener (beruflicher) Erfahrungen an – dies ermöglicht die selbstkritische und selbststärkende Reflexion und ggf. die Modifikation der Praxis (Extrapolation).
Durch diese Selbstanwendung erfahren, erproben und reflektieren Professionelle auch die Methodologie und Formen des TdB – dies ist die Voraussetzung für die Integration des TdB in die eigene Praxis und ggf. dessen Weitervermittlung (Multiplikation).

Konkrete Ideen der Umsetzung wären, um nur einige Beispiele zu nennen:

- einführende Blockseminare zum TdB im Grund- und Hauptstudium
- kurze Workshops mit TdB in den Studienwochen während der Praxissemester
- eigene studienbegleitende Projekte bzw. Praktika mit TdB (über zwei Semester)
- längerfristige (interdisziplinäre) TdB-Gruppen von Studierenden bzw. Berufstätigen
- kollegiale Beratungsgruppen mit TdB von Studierenden bzw. Berufstätigen, ergänzend zu Team- bzw. Einzelsupervision
- (selbstorganisierte) Fort- und Weiterbildungen zum TdB

[282] vgl. FORNEFELD 1999, S. 25 ff

Die Kombination der Formen des TdB mit inhaltlichen Fragestellungen Sozialer Arbeit macht verschiedenste Anwendungen denkbar.

Mit prospektiven und introspektiven Techniken können beispielsweise Erfahrungen professioneller Ohnmacht bzw. auch Übermacht in schwierigen Situationen (z.B. in der Arbeit mit drogenabhängigen Menschen), die eigenen verinnerlichten Zwänge (z.B. Helfersyndrom), sowie andere 'Polizisten in Kopf und Körper' (z.B. Tabuthemen in der Sozialen Arbeit) bearbeitet werden.
Darüber hinaus dienen die prospektiven und introspektiven Techniken der Klärung eigener Handlungsmotivationen, Interessen und Bedürfnisse und schaffen damit eine wichtige Voraussetzung für den Umgang mit anderen Menschen – dem Kern Sozialer Arbeit.
Ein anderes Beispiel ist das kollektive Bauen an Statuenbildern zu Schlüsselbegriffen Sozialer Arbeit (z.B. Partizipation, Prävention, etc.), wodurch subjektive Wahrnehmungen und (Be-)Deutungen derselben konkret fassbar und damit diskutierbar werden. Statuen-/Bildertheater kann auch dazu dienen, Teamkonstellationen oder Momentaufnahmen von Konfliktsituationen zu stellen, zu analysieren und zu verändern.
Mit dem Forumtheater ist es beispielsweise möglich, Dilemma-Situationen (z.B. Kollision der Interessen von Betroffenen mit der eigenen Überzeugung bzw. dem dienstlichen Auftrag) szenisch zu reflektieren, zu diskutieren und Verhaltensalternativen zu erproben. Hierbei ist es sehr aufschlussreich, in verschiedene Rollen zu schlüpfen und auf diese Weise eine Erweiterung der Perspektiven und Handlungsoptionen zu erfahren.

Aus der gruppeninternen Auseinandersetzung mit der eigenen Person, den (beruflichen) Rollen und der Profession können politische Aktionen in der Öffentlichkeit resultieren.
Das Unsichtbare Theater, das Zeitungstheater und das Forumtheater bieten sich an, um drängende Fragen Sozialer Arbeit (z.B. zunehmende Be- und Überlastungen in der Praxis bei abnehmenden finanziellen Mitteln) zu veröffentlichen und mit BürgerInnen zu diskutieren. Im Sinne des Legislativen Theaters ist es darüber hinaus möglich, die in den Interventionen eines Forumtheaters zum Ausdruck gebrachten Meinungen und Anregungen, in den politischen Diskussions- und Entscheidungsprozess einzubringen. Auf institutioneller Ebene wäre die Weiterführung von Vorschlägen aus einem entspre-

chenden Forumtheater (z.B. Szene zu Mobbing) ein experimenteller Beitrag zur partizipatorischen Leitbildentwicklung einer sozialen Einrichtung.

Diese Anregungen deuten darauf hin, dass die Selbstanwendung des TdB in Kontexten Sozialer Arbeit vielversprechende Perspektiven eröffnet.

TdB als Selbsthilfe-Empowerment von Professionellen Sozialer Arbeit könnte auch als 'Entwicklungstheater' bezeichnet werden, da es:

- von der privaten und beruflichen Biographie der Professionellen ausgeht und deren persönliche und professionelle Identitätsentwicklung fördert;
- die individuellen Ressourcen und Kompetenzen der Professionellen ins Licht rückt, erkundet und stärkt;
- den solidarischen, kollegialen Austausch und die konstruktive Streitkultur pflegt;
- Praxiserfahrungen reflektiert und notwendige Veränderungsaktionen vorbereitet;
- die eigenen Allmachts- und Allzuständigkeitsansprüche von Professionellen relativiert und diese dadurch entlastet;
- Burnout-Prävention bewirkt, indem es Professionelle vom Zwang befreit, immer perfekt funktionieren zu müssen;
- die Ambivalenz des Helfens bewußt macht und (selbst-)kritisch beleuchtet;
- die ökonomischen, politischen und gesellschaftlichen Rahmenbedingungen Sozialer Arbeit einbezieht und Möglichkeiten der aktiven Mitgestaltung derselben auslotet;
- die Einmischung in (sozial-)politische Diskussionen und Entscheidungsprozesse herausfordert.

Wie die Beispiele zeigen, trägt 'Entwicklungstheater' auf kreative und ganzheitliche Weise zur Weiterentwicklung der Professionellen und der Profession Sozialer Arbeit bei, damit diese eine selbstbewusste und zugleich selbstkritische Rolle bei der Gestaltung einer gerechteren und nachhaltigeren Gesellschaft spielen kann.

Schlussbetrachtung

"WO KÄMEN WIR HIN WENN ALLE SAGTEN WO KÄMEN WIR HIN
UND NIEMAND GINGE UM EINMAL ZU SCHAUEN WOHIN MAN KÄME WENN MAN GINGE."[283]
- KURT MARTI / HANS A. PESTALOZZI -

In der vorliegenden Untersuchung wurde das Theater der Befreiung (TdB) bezüglich seiner Tauglichkeit als Empowerment-Werkzeug im Kontext von Selbsthilfe systematisch und detailliert beleuchtet. Ich bin dabei meinen eigenen Weg gegangen, der andere dokumentierte Überlegungen und Erfahrungen zur Verbindung von Theaterarbeit, Empowerment und Selbsthilfe in theoretisch fundierter Weise ergänzt.

Zu Beginn der Ausführungen habe ich mich, nach eingehender Auseinandersetzung mit der definitorischen Diskussion und mit übergreifenden Merkmalen (z.B. selbstbestimmt, eigenverantwortlich, aktiv, solidarisch) von Selbsthilfe, für einen weitgefaßten und systemkritischen Selbsthilfe-Begriff entschieden, der unkonventionelle Selbsthilfeformen integriert und ExpertInnenmacht begrenzt. Darauf aufbauend habe ich mich mit Problemen der Be- bzw. Verhinderung von Selbsthilfe durch wohlwollendes aber bevormundendes Engagement von Professionellen beschäftigt und die Notwendigkeit einer Empowerment-Haltung und der entsprechenden Methodik in der Selbsthilfeunterstützung festgestellt. Außerdem habe ich sowohl gruppeninterne Schwierigkeiten (z.B. nicht legitimierte Hierarchie), als auch die Gefahr der Reduzierung (Gruppe als Selbstzweck), der Individualisierung (Überlastung von Betroffenen) und der Instrumentalisierung (Legitimation des staatlichen Rückzuges aus sozialer Verantwortung) des Selbsthilfegedankens diskutiert. Als Konsequenz entwickelte ich die Forderung nach der politisch-emanzipatorischen Ausrichtung von Selbsthilfe, d.h. die Unterstützung der Menschen, sich selbst von Fremdbestimmung zu befreien. Dabei habe ich

[283] PESTALOZZI 1988, S. 158 (Original in Berner Mundart von MARTI, Übersetzung von PESTALOZZI)

explizit auf die Zusammenhänge zwischen Selbstveränderung und Veränderung von Rahmenbedingungen und Strukturen hingewiesen.

Der emanzipatorische Charakter von Selbsthilfe wird durch das Empowerment-Konzept verwirklicht. Zunächst habe ich festgestellt, dass Macht individuelles Durchsetzungsvermögen ist, das durch soziale Einbindung sowohl potenziert als auch kontrolliert wird, um ausgehend davon das Empowerment (Selbstbemächtigung) zu diskutieren. Dabei hat sich gezeigt, dass Selbstbemächtigung im Wesentlichen als Prozess der aktiven (Wieder-)Entdeckung eigener Selbsthilfepotentiale verstanden werden kann, auf verschiedenen Ebenen verläuft, psychosoziale und gesellschaftspolitische Dimensionen hat und auf die selbstbestimmte Gestaltung des eigenen Lebens und dessen Rahmenbedingungen abzielt.
Diese Prozesse des Mächtigwerdens habe ich schließlich, bezogen auf die Gruppenselbsthilfe und auf deren Unterstützung durch Professionelle, analysiert und dabei an Vorüberlegungen aus dem Selbsthilfe-Kapitel angeknüpft. Es wurde deutlich, dass Selbsthilfe den Empowerment-Ansatz braucht, um auch über Gruppengrenzen hinaus, emanzipatorisch wirken zu können. Die Empowerment-Haltung in der Selbsthilfeunterstützung erfordert von Professionellen insbesondere einen selbstkritischen Umgang mit der eigenen ExpertInnen-Macht, die Bewusstwerdung eigener Kompetenzen und eine partnerschaftliche Arbeitsbeziehung. Zusammenfassend habe ich festgestellt, dass die Empowerment-Philosophie konkreter Methoden bedarf, damit der Paradigmenwechsel von der Defizit- zur Ressourcenorientierung in der Selbsthilfepraxis umgesetzt werden kann.

Ein kleiner Umweg, auf dem ich die Pädagogik der Unterdrückten nach FREIRE beleuchtet habe, stellte die Verbindung zwischen Selbsthilfe-Empowerment und dem Theater der Befreiung (TdB) her. Als Kern dieser emanzipatorischen Pädagogik lässt sich folgendes festhalten: Menschen werden sich ihrer eigenen Situation der Unterdrückung (Kultur des Schweigens) aber auch ihrer eigenen Ausdrucks-, Gestaltungs- und Entwicklungsfähigkeiten bewusst, indem sie mit anderen Menschen im Dialog die eigenen Erfahrungen analysieren und bearbeiten. Dieser Bewusstwerdungsprozess ermutigt sie, sich von Fremdbestimmung zu befreien und ihr Leben mit seinen Kontexten in reflektierter Aktion und aktiver Reflexion zu gestalten.

Im Anschluss an diesen Exkurs habe ich die Entwicklung des TdB – auch im europäischen Kontext – in Verknüpfung mit der Biographie BOALS nachgezeichnet und analysiert, wie dieses Theatersystem psychosoziale und gesellschaftspolitische Realitäten berücksichtigt und integriert. Nachfolgend habe ich veranschaulicht, wie die Grundprinzipien und Zielsetzungen BOALS mit denen FREIRES übereinstimmen. Das TdB als dialogisch-emanzipatorische Methodik im Sinne FREIRES, will vor allen Dingen die Menschen befähigen, sich vom passiven Zuschauerstatus zu befreien, um zu kreativen Akteuren im Theater wie im Alltag zu werden. Dazu werden Wirklichkeiten mit theatralen Mitteln repräsentiert, reflektiert und transformiert, um Interventionen und Rückwirkungen in den Alltag der Menschen vorzubereiten. Um diese Prozesse in Gang zu bringen, steht ein System von Techniken zur Verfügung, die ich detailliert dargestellt habe: Vorbereitende Übungen und Spiele, Zeitungstheater, Unsichtbares Theater, Statuen-/Bildertheater, prospektive und introspektive Techniken, Forumtheater und Legislatives Theater. Die Anwendung dieser Formen kann kombiniert werden, sollte aber immer in die Methodologie des TdB eingebunden sein, deren acht Schritte ich ebenfalls ausführlich beschrieben, erläutert und zusammengefasst habe. Im Grunde spiegelt dieser methodologische Prozess den Weg von der gruppeninternen Selbstveränderung zur sozialen, gesellschaftlichen und politischen Veränderung sowie die dialektische Verbindung von Aktion und Reflexion in FREIRES Sinne wider.

Im darauf folgenden Kapitel habe ich im Rückgriff auf die Ergebnisse der Ausführungen zum TdB, zum Empowerment und zur Selbsthilfe, zunächst die Tauglichkeit des TdB als Empowerment-Werkzeug im Selbsthilfe-Kontext diskutiert und belegt. Zur fundierten Begründung dieses Nachweises habe ich zudem die originären Beiträge des TdB zum Selbsthilfe-Empowerment herausgefiltert und systematisiert. Durch seine Impulse 'Frei-Spiel', 'Eigen-Art', 'Probe-Raum', 'Quer-Denken', 'Lach-Macht', 'Grenz-Überschreitung', 'Konflikt-Kultur' und 'Öffentlichkeits-Arbeit' schafft das TdB wichtige Voraussetzungen und Rahmenbedingungen für Empowermentprozesse in der Selbsthilfe.

Zum Abschluss der Untersuchung habe ich schließlich drei Ideen der Praxisumsetzung des TdB als Empowerment-Werkzeug in der Selbsthilfe entwickelt, skizziert und mit Beispielen illustriert.

Grundsätzlich gilt für alle drei Ideen, dass deren praktische Anwendung von der Methodologie des TdB ausgehen und sich immer an den AdressatInnen, dem Prozess und den Kontexten orientieren sollte.

Mein erster Vorschlag war die Anwendung des TdB im Rahmen von Seminaren innerhalb bestehender Selbsthilfestrukturen. In Workshops könnten generative Themen aus der Selbsthilfe(-unterstützung) mit dem TdB bearbeitet werden. In Fortbildungen könnten SelbsthelferInnen und UnterstützerInnen das TdB erfahren, erproben und reflektieren, um es ggf. als MultiplikatorInnen selbst anzuwenden. Darüber hinaus wäre eine Kombination beider Ansätze denkbar.

Zweitens habe ich die Anregung von Theatergruppen als emanzipatorische Selbsthilfeform marginalisierter Menschen vorgeschlagen. Professionelle der Sozialen Arbeit könnten unter Berücksichtigung unkonventioneller Selbsthilfeansätze 'ungehörter' Betroffener und nur mit deren Zustimmung, neue Gruppen initiieren, bestehende Gruppen mit dem TdB vertraut machen und Empowermentprozesse begleiten. Ziel der Unterstützung muss sein, sich selbst überflüssig zu machen, was in der Konsequenz bedeutet, alle Beteiligten in die Verantwortung für die Rahmenbedingungen (z.B. Zeit, Raum, Finanzen, etc.) einzubinden. Ziel der Gruppen sollte nicht nur die interne Bearbeitung generativer Themen, sondern insbesondere auch die nach außen gerichtete (politische) Interessensvertretung sein. Anhand von Beispielen habe ich aufgezeigt, dass das TdB auch in diesem Zusammenhang beiden Zwekken dient.

Der dritte und letzte Vorschlag war die Selbstanwendung des TdB durch Professionelle der Sozialen Arbeit. Das TdB könnte als neue Form der 'Entwicklungs-Selbsthilfe' von Professionellen und Profession in die Aus-, Fort- und Weiterbildung, sowie in die Praxisbegleitung integriert werden. Wie schon beim ersten Vorschlag können auch hier sowohl generative Themen mit dem TdB bearbeitet werden, als auch die Techniken im Kontext der Methodologie erprobt, reflektiert und ggf. als Arbeitsweise in die eigene Praxis übernommen werden. Mögliche konkrete Umsetzungen dieser letzten Idee habe ich exemplarisch aufgezählt und durch denkbare Anwendungsbeispiele einzelner Formen des TdB ausführlich veranschaulicht.

Abschließend habe ich noch Wirkungsweisen dieses 'Entwicklungstheaters' benannt, in denen sich wesentliche Elemente vorangegangener Ausführungen bündeln und die den Empowerment-Weg nachzeichnen, auf dem die persönliche Erfahrung Professioneller der Sozialen Arbeit politisch werden kann.

Damit sind die einleitenden Kernfragen nach den Wirkungen des TdB als Empowerment-Werkzeug und nach seiner praktischen Umsetzung im Rahmen von Selbsthilfe beantwortet.

Faktisch spielt das TdB im Selbsthilfekontext bisher keine oder höchstens eine marginale Rolle. In Anbetracht seines Bedeutungszuwachses in anderen Bereichen, bin ich jedoch überzeugt davon, dass das TdB auch in der Selbsthilfe – wie immer diese sich definiert – eine ernstzunehmende Rolle spielen könnte. Hier liegt Entwicklungspotential brach! Obwohl das TdB selbstverständlich nicht das einzige geeignete Werkzeug ist, um Selbsthilfe-Empowerment in der Praxis umzusetzen, so ist es doch ein wichtiges Werkzeug in diesem Sinne.

Von zentraler Bedeutung erscheint mir die Idee der Multiplikation des TdB. Erstens kann dadurch einer Monopolisierung (ExpertInnenwissen) dieses originär demokratischen Theaters, das allen gehört, entgegengewirkt werden. Zweitens kann auf diese Weise seine Verbreitung und Weiterentwicklung gefördert werden, was auch im Sinne BOALS ist. Wichtig ist dann der dialogische, kollegiale Austausch im Rahmen bestehender und neu zu schaffender Vernetzungen. Die Multiplikation des TdB als Selbsthilfe-Empowerment trägt auch dazu bei, dass die Gegenbewegung wächst, die die Widersprüche der Welt nicht mehr passiv und resigniert hinnimmt, sondern aktiv, kreativ, konstruktiv, kritisch und hoffnungsvoll den notwendigen Widerstand leistet und zugleich notwendige Veränderungen mitgestaltet.

Das TdB ist ein wunderbares Mittel – kein Wundermittel. Es selbst kann nicht die Welt verändern, aber es verändert die Menschen und diese können die Welt verändern.

Literaturverzeichnis

ALINSKY, SAUL D. (Übersetzung: RABE, KARL-KLAUS): *Anleitung zum Mächtig-sein. Ausgewählte Schriften*, Bornheim-Merten, 1984

ARBEITSSTELLE WELTBILDER – AGENTUR FÜR INTERKULTURELLE PÄDAGOGIK MÜNSTER / SCHULSTELLE DER AG BERN (Hg.): *Spiel-Räume, ein Werkbuch zum Boal'schen "Theater der Unterdrückten"*, Münster/Bern, 1993

AXTER, MELANIE: *Das Theater der Unterdrückten Augusto Boals und seine Präsentation in der Gegenwart*, Stuttgart, 2001

BAER, ULRICH: *666 Spiele für jede Gruppe, für alle Situationen*, Seelze-Velber, 14. Auflage, 2003

BALA, SRUTI / LEUCHT, CHRISTOPH / REICH, HANNAH: *Handeln in der Fremde – entfremdetes Handeln. Reflexionen der Berliner Forumtheatergruppe RA-Abenschwarz*, in: WIEGAND, HELMUT (Hg.): Theater im Dialog: heiter, aufmüpfig und demokratisch. Deutsche und europäische Anwendungen des Theaters der Unterdrückten, Stuttgart, 2004, S. 207-220

BALKE, KLAUS / THIEL, WOLFGANG (Hg.): *Jenseits des Helfens. Professionelle unterstützen Selbsthilfegruppen*, Freiburg i. Br., 1991

BALKE, KLAUS: *Reflexionspartner – nicht mehr, aber auch nicht weniger. Zur Herausbildung der Fachlichkeit "Selbsthilfegruppen-Unterstützung"*, in: BALKE, KLAUS / THIEL, WOLFGANG (Hg.): Jenseits des Helfens. Professionelle unterstützen Selbsthilfegruppen, Freiburg i. Br., 1991, S. 15-26

BALKE, KLAUS / THIEL, WOLFGANG: *Jenseits des Helfens. Professionelle unterstützen Selbsthilfegruppen*, in: BALKE, KLAUS / THIEL, WOLFGANG (Hg.): Jenseits des Helfens. Professionelle unterstützen Selbsthilfegruppen, Freiburg i. Br., 1991, S. 9-13

BANGO, JENÖ: *Hilfe und Selbsthilfe: Versuch einer neuen Definition*, in: Sozialmagazin 2001, 26. Jg., Nr. 7/8, S. 39-45

BAUMANN, TILL: *Von der Politisierung des Theaters zur Theatralisierung der Politik. Theater der Unterdrückten im Rio de Janeiro der 90er Jahre*, Stuttgart, 2001

BAUMANN, TILL / HAHN, HARALD: *Politisches Aktionstheater als kreative Form der Öffentlichkeitsarbeit*, in: WIEGAND, HELMUT (Hg.): Theater im Dialog: heiter, aufmüpfig und demokratisch. Deutsche und europäische Anwendungen des Theaters der Unterdrückten, Stuttgart, 2004, S. 298-304

BIBERMANN, IRMI / SCHATZ, ELISABETH: *Forumtheater im Treffpunkt Klinikpersonal Innsbruck*, in: WRENTSCHUR, MICHAEL / ARGE FORUMTHEATER ÖSTERREICH (Hg.): Forum Theater in Österreich. Praxis. Projekte. Gruppen, Wien, 1999, S. 30-35

BOAL, AUGUSTO (Übersetzung: SPINU, MARINA / THORAU, HENRY): *Theater der Unterdrückten. Übungen und Spiele für Schauspieler und Nicht-Schauspieler*, Frankfurt am Main, 1989

BOAL, AUGUSTO (Übersetzung: HEYNITZ, LIESE VON): *Forum-Theater. Zweifel und Gewißheiten*, in: ARBEITSSTELLE WELTBILDER – AGENTUR FÜR INTERKULTURELLE PÄDAGOGIK MÜNSTER / SCHULSTELLE DER AG BERN (Hg.): Spiel-Räume, ein Werkbuch zum Boal'schen "Theater der Unterdrückten", Münster/Bern, 1993, S. 36-45

BOAL, AUGUSTO (Übersetzung: HOLTEI, CHRISTA): *Der Regenbogen der Wünsche. Methoden aus Theater und Therapie*, Seelze (Velber), 1999

BOBZIEN, MONIKA: *Selbsthilfeberatung versus Therapie – Empowerment als Konzept in der Selbsthilfeunterstützung*, in: BRAUN, JOACHIM / ISAB INSTITUT (Hg.): Praxishandbuch für Selbsthilfekontaktstellen. Erfahrungen, Anregungen, Arbeitshilfen aus einem Modellprogramm des BMFSJ, Leipzig, 4., überarb. Auflage, 1995, S. 192-194

BORDIEU, PIERRE u.a.: *Das Elend der Welt. Zeugnisse und Diagnosen alltäglichen Leidens an der Gesellschaft*, Konstanz, 1998

BRAUN, JOACHIM / ISAB INSTITUT (Hg.): *Praxishandbuch für Selbsthilfekontaktstellen. Erfahrungen, Anregungen, Arbeitshilfen aus einem Modellprogramm des BMFSJ*, Leipzig, 4., überarb. Auflage, 1995

BREMEN, KLAUS: *"Rücken-an-der-Wand"-Arbeit. Selbsthilfe-Unterstützung von Armutsgruppen*, in: BALKE, KLAUS / THIEL, WOLFGANG (Hg.): Jenseits des Helfens. Professionelle unterstützen Selbsthilfegruppen, Freiburg i. Br., 1991, S. 159-168

BUER, FERDINAND: *Psychodrama der Macht. Einige Anmerkungen*, in: Jahrbuch für Psychodrama, psychosoziale Praxis und Gesellschaftspolitik, Opladen, 1994, S. 43-55

BÜLOW-SCHRAMM, MARGRET / GIPSER, DIETLINDE (Hg.): *Spielort Universität. 10 Jahre Lehr-/Lernprojekt "Der brüchige Habitus"*, Hamburg, 1997

DABISCH, JOACHIM / SCHULZE, HEINZ (Hg.): *Befreiung und Menschlichkeit. Texte zu Paulo Freire*, München, 1991

DAG SHG (Deutsche Arbeitsgemeinschaft Selbsthilfegruppen) e.V. (Hg): *Selbsthilfegruppenjahrbuch 2003*, Gießen, 2003

DATTA, ASIT (Hg.): *Lehrspiele – Lernspiele*, Hannover, 1986

DATTA, ASIT / LANG-WOJTASIK, GREGOR (Hg.): *Bildung zur Eigenständigkeit. Vergessene reformpädagogische Ansätze aus vier Kontinenten*, Frankfurt a. M. / London, 2002

DEUTSCHER VEREIN FÜR ÖFFENTLICHE UND PRIVATE FÜRSORGE (Hg.): *Fachlexikon der sozialen Arbeit*, Frankfurt a. M., 4., überarb. Auflage, 1997

DUDENREDAKTION (Hg.): *Duden – Das Herkunftswörterbuch. Etymologie der deutschen Sprache* (Band 7), Mannheim, 2001

EHRENFORTH, JÖRG: *"So hilf Dir doch selbst" – Selbsthilfegruppen in politischer Landschaft*, in: Gruppendynamik 1984, 15. Jg., Nr. 2, S. 141-152

FELDHENDLER, DANIEL: *Psychodrama und Theater der Unterdrückten*, Frankfurt a. M., 2. erweiterte Auflage, 1992

FORNEFELD, ASTRID: *Die Bedeutung des Theaters der Unterdrückten in der (Sonder-)Pädagogikausbildung*, in: Dialogische Erziehung 1999, 3. Jg., Nr. 3, S. 25-35

FREIRE, PAULO (Übersetzung: GOLDSTEIN, HORST u.a.): *Der Lehrer ist Politiker und Künstler. Neue Texte zur befreienden Bildungsarbeit*, Reinbek bei Hamburg, 1981

FREIRE, PAULO (Übersetzung: SIMPFENDÖRFER, WERNER): *Pädagogik der Unterdrückten. Bildung als Praxis der Freiheit*, Reinbek bei Hamburg, 1998

FRIESENHAHN, GÜNTER J. / GIESE, ECKHARD: *Dir wird´ ich schon helfen! Eine ganz kleine Geschichte des Helfens*, in: Unsere Jugend 1995, 47. Jg., Nr. 1, S. 370-388

FUß, REINHARD / STARK, WOLFGANG: *Selbsthilfe und gesellschaftliche Entwicklung. Ausblicke in die Zukunft*, in: KARDORFF, ERNST VON / OPPL, HUBERT (Hg.): Selbsthilfe und Krise der Wohlfahrtsgesellschaft, München, 1989, S. 59-77

GALEANO, EDUARDO (Übersetzung: KLICHE, LUTZ): *Die Füße nach oben. Zustand und Zukunft einer verkehrten Welt*, Wuppertal, 2000

GILLICH, STEFAN: *Zur Selbsthilfe Wohnungsloser – Zwischen Ignoranz und Verkennung*, in: Theorie und Praxis der Sozialen Arbeit 2002, 53. Jg., Nr. 3, S. 169-175

GIPSER, DIETLINDE: *Das Forumtheater. Spielend Wege des Handelns entwerfen und wählen*, in: DATTA, ASIT (Hg.): Lehrspiele – Lernspiele, Hannover, 1986, S. 121-134

GIPSER, DIETLINDE: *Lachen gegen Macht? Gedanken zur Funktion des Lachens im szenischen Spiel*, in: KOCH, GERD / VAßEN, FLORIAN (Hg.): Lach- und Clownstheater. Die Vielfalt des Komischen in Musik, Literatur, Film und Schauspiel, Frankfurt a. M., 1991, S. 38-40

GIPSER, DIETLINDE: *Für ein Theater der Befreiung. Paulo Freire und Augusto Boal*, in: DABISCH, JOACHIM / SCHULZE, HEINZ (Hg.): Befreiung und Menschlichkeit. Texte zu Paulo Freire, München, 1991, S. 65-69

GIPSER, DIETLINDE: *Das Theater der Befreiung als Instrument für zukünftige Bildungsstrategien: Erkennen heißt Verändern*, in: Dialogische Erziehung 1999, 3. Jg., Nr. 3, S. 9-24

GORIUS, MARIA / WILCKENS-VON HEIN, FRIDERIKE: *Von Rassismus zu interkulturellem Dialog – Die Forumtheatergruppe KANNĀDI am Allerweltshaus in Köln*, in: WIEGAND, HELMUT (Hg.): Theater im Dialog: heiter, aufmüpfig und demokratisch. Deutsche und europäische Anwendungen des Theaters der Unterdrückten, Stuttgart, 2004, S. 184-206

GRONEMEYER, MARIANNE: *Hilfe*, in: SACHS, WOLFGANG (Hg.): Wie im Westen so auf Erden. Ein polemisches Handbuch zur Entwicklungspolitik, Reinbek bei Hamburg, 1993, S. 170-194

GÜNTHER, PETER / ROHRMANN, ECKHARD (Hg.): *Soziale Selbsthilfe. Alternative, Ergänzung oder Methode sozialer Arbeit?*, Heidelberg, 1999

HAHN, HARALD: *Zeitungstheater*, in: KOCH, GERD / STREISAND, MARIANNE (Hg.): Wörterbuch der Theaterpädagogik, Berlin, 2003

HERRIGER, NORBERT: *Empowerment in der Sozialen Arbeit. Eine Einführung*, Stuttgart/Berlin/Köln, 2., überarb. Auflage, 2002

ILLICH, IVAN u.a.: *Entmündigung durch Experten. Zur Kritik der Dienstleistungsberufe*, Reinbek bei Hamburg, 1979

ILLICH, IVAN: *Entmündigende Expertenherrschaft*, in: ILLICH, IVAN u.a.: Entmündigung durch Experten. Zur Kritik der Dienstleistungsberufe, Reinbek bei Hamburg, 1979, S. 7-35

INSTITUT FÜR JUGENDARBEIT DES BAYERISCHEN JUGENDRINGS IN GAUTING (Hg.): *Theater macht Politik. Die Methoden des "Theaters der Unterdrückten" in der Bildungsarbeit* (Werkstattbuch), Gauting, 1999

ISAB KÖLN-LEIPZIG: *Selbsthilfebereiche und Selbsthilfegruppentypen*, in: BRAUN, JOACHIM / ISAB INSTITUT (Hg.): Praxishandbuch für Selbsthilfekontaktstellen. Erfahrungen, Anregungen, Arbeitshilfen aus einem Modellprogramm des BMFSJ, Leipzig, 4., überarb. Auflage, 1995, S. 12-21

ITO (International Theatre of the Oppressed Organization) (Übersetzung: WIEGAND, HELMUT): *Grundsatzerklärung*, in: WIEGAND, HELMUT (Hg.): Theater im Dialog: heiter, aufmüpfig und demokratisch. Deutsche und europäische Anwendungen des Theaters der Unterdrückten, Stuttgart, 2004, S. 66-69

KARDORFF, ERNST VON / OPPL, HUBERT (Hg.): *Selbsthilfe und Krise der Wohlfahrtsgesellschaft*, München, 1989

KEIDEL, THERESA / GEISLINGER, ROSA: *Methoden der Gestaltung des Gruppenlebens und Regeln für Selbsthilfegruppen*, in: BRAUN, JOACHIM / ISAB INSTITUT (Hg.): Praxishandbuch für Selbsthilfekontaktstellen. Erfahrungen, Anregungen, Arbeitshilfen aus einem Modellprogramm des BMFSJ, Leipzig, 4., überarb. Auflage,1995, S. 218-225

KEMPCHEN, DORIS: *Wirklichkeiten erkennen – enttarnen – verändern. Dialog und Identitätsbildung im Theater der Unterdrückten*, Stuttgart, 2001

KEMPCHEN, DORIS: *Legislatives Theater*, in: KOCH, GERD / STREISAND, MARIANNE (Hg.): Wörterbuch der Theaterpädagogik, Berlin, 2003, S. 180-181

KETTLER, ULRICH: *Landesweite Organisationsformen der Selbsthilfe*, in: BRAUN, JOACHIM / ISAB INSTITUT (Hg.): Praxishandbuch für Selbsthilfekontaktstellen. Erfahrungen, Anregungen, Arbeitshilfen aus einem Modellprogramm des BMFSJ, Leipzig, 4., überarb. Auflage, 1995, S. 316-323

KOCH, GERD / VAßEN, FLORIAN (Hg.): *Lach- und Clownstheater. Die Vielfalt des Komischen in Musik, Literatur, Film und Schauspiel*, Frankfurt a. M., 1991

KOCH, GERD / STREISAND, MARIANNE (Hg.): *Wörterbuch der Theaterpädagogik*, Berlin, 2003

KOCH, GERD / ROTH, SIEGLINDE / VAßEN, FLORIAN / WRENTSCHUR, MICHAEL (Hg.): *Theaterarbeit in sozialen Feldern. Theatre Work in Social Fields*, Frankfurt a. M., 2004

LE MONDE DIPLOMATIQUE (Hg.): *Atlas der Globalisierung*, Berlin 2003

LETSCH, FRITZ: *Aufbau eines Grundlagenworkshops*, in: INSTITUT FÜR JUGENDARBEIT DES BAYERISCHEN JUGENDRINGS IN GAUTING (Hg.): Theater macht Politik. Die Methoden des "Theaters der Unterdrückten" in der Bildungsarbeit (Werkstattbuch), Gauting, 1999, S. 22-35

LETSCH, FRITZ: *Europäische Konferenz zum Legislativen Theater mit Augusto Boal: 23.-27. Oktober 1997 in München*, in: WIEGAND, HELMUT (Hg.): Theater im Dialog: heiter, aufmüpfig und demokratisch. Deutsche und europäische Anwendungen des Theaters der Unterdrückten, Stuttgart, 2004, S. 292-293

LETSCH, FRITZ u.a.: *Workshop mit Augusto Boal. Protokoll eines Workshops vom 13. - 18.10.1995*, in: INSTITUT FÜR JUGENDARBEIT DES BAYERISCHEN JUGENDRINGS IN GAUTING (Hg.): Theater macht Politik. Die Methoden des "Theaters der Unterdrückten" in der Bildungsarbeit (Werkstattbuch), Gauting, 1999, S. 43-61

MATZAT, JÜRGEN: *Kontaktstellen für Selbsthilfegruppen. Professionelle Hilfe zur Selbsthilfe*, in: GÜNTHER, PETER / ROHRMANN, ECKHARD (Hg.): Soziale Selbsthilfe. Alternative, Ergänzung oder Methode sozialer Arbeit?, Heidelberg, 1999, S. 205-217

MAZZINI, ROBERTO / WRENTSCHUR, MICHAEL: *Theatre of the Oppressed in Social Fields*, in: KOCH, GERD / ROTH, SIEGLINDE / VAßEN, FLORIAN / WRENTSCHUR, MICHAEL (Hg.): Theaterarbeit in sozialen Feldern. Theatre Work in Social Fields, Frankfurt a. M., 2004, S. 174-186

MOELLER, MICHAEL LUKAS: *Selbsthilfegruppen. Anleitungen und Hintergründe*, Reinbek bei Hamburg, aktualis. Taschenbuchausgabe, 1996

MOOS-HOFIUS, BIRGIT / RAPP, ILSE: *Schwierigkeiten und Probleme in Selbsthilfegruppen*, in: MÜLLER, CARL WOLFGANG (Hg.): SelbstHilfe. Ein einführendes Lesebuch, Weinheim und Basel, 1993, S. 189-191

MÜLLER, CARL WOLFGANG (Hg.): *SelbstHilfe. Ein einführendes Lesebuch*, Weinheim und Basel, 1993

MÜLLER, CARL WOLFGANG: *Einleitung*, in: MÜLLER, CARL WOLFGANG (Hg.): SelbstHilfe. Ein einführendes Lesebuch, Weinheim und Basel, 1993, S. 9-13

NEE, BIRGIT: *Augusto Boal in Europa: Die introspektiven Methoden,* (Aspekte der Freire-Pädagogik Nr. 5), Oldenburg, 2000

NEUROTH, SIMONE: *Augusto Boals Theater der Unterdrückten in der pädagogischen Praxis*, Weinheim, 1994

NOACK, WINFRIED: *Wir müssen uns den Machtverhältnissen in der sozialen Arbeit stellen!*, in: Theorie und Praxis der Sozialen Arbeit 2003, 54. Jg., Nr. 6, S. 4-10

PAULO FREIRE GESELLSCHAFT E.V. (Hg.): *Es braucht Mut, glücklich zu sein... Anwendungen des Theaters der Unterdrückten* (Zeitschrift für befreiende Pädagogik, Nr. 10), München, 1996

PESTALOZZI, HANS A.: *Nach uns die Zukunft. Von der positiven Subversion*, Berlin, 4. Auflage, 1988

PREISER, SIEGFRIED: *Kreativität*, in: DEUTSCHER VEREIN FÜR ÖFFENTLICHE UND PRIVATE FÜRSORGE (Hg.): Fachlexikon der sozialen Arbeit, Frankfurt a. M., 4., überarb. Auflage, 1997, S. 590-591

RINKE, MORITZ – BOAL, AUGUSTO (Übersetzung: THORAU, HENRY): *Ich arbeite mit Unterdrückern, um sie zu bekämpfen. Interview mit Augusto Boal im Berliner Tagesspiegel vom 14.10.1993*, in: ARBEITSSTELLE WELTBILDER – AGENTUR FÜR INTERKULTURELLE PÄDAGOGIK MÜNSTER / SCHULSTELLE DER AG BERN (Hg.): Spiel-Räume, ein Werkbuch zum Boal'schen "Theater der Unterdrückten", Münster/Bern, 1993, S. 49-50

ROHRMANN, ECKHARD: *Was ist überhaupt Selbsthilfe? Zum Begriff und Verständnis Sozialer Selbsthilfe*, in: GÜNTHER, PETER / ROHRMANN, ECKHARD (Hg.): Soziale Selbsthilfe. Alternative, Ergänzung oder Methode sozialer Arbeit?, Heidelberg, 1999, S. 15-33

ROTHSCHUH, MICHAEL: *Private Probleme werden zu öffentlichen Themen. Was wir von Community Organizing lernen können*, in: Forum Sozial 2004, 9. Jg., Nr. 1, S. 28-31

RUBNER, EIKE: *Themenzentrierte Interaktion (TZI)*, in: DEUTSCHER VEREIN FÜR ÖFFENTLICHE UND PRIVATE FÜRSORGE (Hg.): Fachlexikon der sozialen Arbeit, Frankfurt a. M., 4., überarb. Auflage, 1997, S. 951-952

RUNGE, BRIGITTE / VILMAR, FRITZ: *Was Soziale Selbsthilfe ist: Vielgestalt und wachsende Bedeutung*, in: MÜLLER, CARL WOLFGANG (Hg.): SelbstHilfe. Ein einführendes Lesebuch, Weinheim und Basel, 1993, S. 41-62

RUPING, BERND (Hg.): *Gebraucht das Theater. Die Vorschläge Augusto Boals. Erfahrungen, Varianten, Kritik*, Münster/Hamburg, 2. Auflage, 1993

RUPING, BERND – BOAL, AUGUSTO: *Von Polizisten im Kopf und den Hauptquartieren draußen. Das Theater der Unterdrückten zwischen soziologischer Forschung und politischer Aktion. Interview mit Augusto Boal vom 6.9.1989*, in: RUPING, BERND (Hg.): Gebraucht das Theater. Die Vorschläge Augusto Boals. Erfahrungen, Varianten, Kritik, Münster/Hamburg, 2. Auflage, 1993, S. 328-337

SACHS, WOLFGANG (Hg.): *Wie im Westen so auf Erden. Ein polemisches Handbuch zur Entwicklungspolitik*, Reinbek bei Hamburg, 1993

SCHNEIDER-SCHELTE, HELGA / LIEFERT, GÖTZ: *"Gruppentraining" – Berliner Erfahrungen mit Fortbildungskonzepten in der Selbsthilfe*, in: DAG SHG (Deutsche Arbeitsgemeinschaft Selbsthilfegruppen) e.V. (Hg): Selbsthilfegruppenjahrbuch 2003, Gießen, 2003, S. 84-93

SCHWEIZER, SABINE: *Theater als Weg zum Empowerment*, in: SozialAktuell (CH) 2001, 33. Jg., Nr. 17, S. 12-15

SIEBERT, HORST: *Paulo Freire und Ivan Illich als Konstruktivisten?*, in: DATTA, ASIT / LANG-WOJTASIK, GREGOR (Hg.): Bildung zur Eigenständigkeit. Vergessene reformpädagogische Ansätze aus vier Kontinenten, Frankfurt a. M. / London, 2002, S. 87-97

SIMPFENDÖRFER, WERNER: *Porträt Paulo Freire*, in: DABISCH, JOACHIM / SCHULZE, HEINZ (Hg.): Befreiung und Menschlichkeit. Texte zu Paulo Freire, München, 1991, S. 4-11

STARK, WOLFGANG: *Empowerment. Neue Handlungskompetenzen in der psychosozialen Praxis*, Freiburg i. Br., 1996

STEINER, GUSTI: *Selbsthilfe als politische Interessenvertretung. Zum Konzept der politischen Selbsthilfe*, in: GÜNTHER, PETER / ROHRMANN, ECKHARD (Hg.): Soziale Selbsthilfe. Alternative, Ergänzung oder Methode sozialer Arbeit?, Heidelberg, 1999, S. 127-143

STIFTUNG MITARBEIT: *Jahrbuch 2004. Jahresprogramm 2004 und Tätigkeitsbericht 2003*, Bonn, 2003

THIEL, WOLFGANG: *Ethik, Methode, Beruf. Die Gratwanderung professionelle Selbsthilfegruppen-Unterstützung*, in: BALKE, KLAUS / THIEL, WOLFGANG (Hg.): Jenseits des Helfens. Professionelle unterstützen Selbsthilfegruppen, Freiburg i. Br., 1991, S. 27-52

THONHAUSER, MICHAEL: *Systemische Strukturaufstellungen und Forumtheater*, in: WRENTSCHUR, MICHAEL / ARGE FORUMTHEATER ÖSTERREICH (Hg.): Forum Theater in Österreich. Praxis. Projekte. Gruppen, Wien, 1999, S. 74-79

THONHAUSER, MICHAEL: *Theater der Unterdrückten und die Arbeit an sich selbst. Eine Einladung zu Grenzüberschreitungen*, in: WRENTSCHUR, MICHAEL / ARGE FORUMTHEATER ÖSTERREICH (Hg.): Forum Theater in Österreich. Praxis. Projekte. Gruppen, Wien, 1999, S. 80-83

THORAU, HENRY: *Lokaltermin 'Unsichtbares Theater'. Anmerkungen zu einer umstrittenen Methode Augusto Boals*, in: RUPING, BERND (Hg.): Gebraucht das Theater. Die Vorschläge Augusto Boals. Erfahrungen, Varianten, Kritik, Münster/Hamburg, 2. Auflage, 1993, S. 270-274

THORAU, HENRY: *Theater der Unterdrückten*, in: KOCH, GERD / STREISAND, MARIANNE (Hg.): Wörterbuch der Theaterpädagogik, Berlin, 2003, S. 314-316

THORAU, HENRY – BOAL, AUGUSTO: *Interview mit Augusto Boal*, in: BOAL, AUGUSTO: Theater der Unterdrückten. Übungen und Spiele für Schauspieler und Nicht-Schauspieler, Frankfurt am Main, 1989, S. 157-168

VEER, IMMO DE: *Augusto, Igor und "Der brüchige Habitus" – oder die Begegnung eines Erwachsenenbildners mit dem Theater der Unterdrückten*, in: Dialogische Erziehung 1999, Jg. 3, Nr. 3, S. 5-8

WEBERS, THOMAS u.a.: *Was ist Selbsthilfe?*, in: BRAUN, JOACHIM / ISAB INSTITUT (Hg.): Praxishandbuch für Selbsthilfekontaktstellen. Erfahrungen, Anregungen, Arbeitshilfen aus einem Modellprogramm des BMFSJ, Leipzig, 4., überarb. Auflage, 1995, S. 7-11

WEINTZ, JÜRGEN: *Augusto Boals erweitertes Theaterkonzept: Die prospektiven und introspektiven Techniken*, in: WIEGAND, HELMUT (Hg.): Theater im Dialog: heiter, aufmüpfig und demokratisch. Deutsche und europäische Anwendungen des Theaters der Unterdrückten, Stuttgart, 2004, S. 13-18

WIEGAND, HELMUT: *Anwendung von Theatertechniken in Selbsthilfegruppen*, in: NAKOS-Info 1988, 5. Jg., Nr. 16, S. 25-26

WIEGAND, HELMUT: *Die Entwicklung des Theaters der Unterdrückten seit Beginn der achtziger Jahre*, Stuttgart, 1999

WIEGAND, HELMUT (Hg.): *Theater im Dialog: heiter, aufmüpfig und demokratisch. Deutsche und europäische Anwendungen des Theaters der Unterdrückten*, Stuttgart, 2004

WOHLFAHRT, NORBERT: *Selbsthilfegruppen und soziale Arbeit. Eine Einführung für soziale Berufe*, Freiburg i. Br., 1995

WRENTSCHUR, MICHAEL: *Forumtheater*, in: KOCH, GERD / STREISAND, MARIANNE (Hg.): Wörterbuch der Theaterpädagogik, Berlin, 2003, S. 108-110

WRENTSCHUR, MICHAEL: *Theaterarbeit in sozialen Feldern trifft Soziale Arbeit. Anknüpfungen, Assoziationen und Anregungen*, in: KOCH, GERD / ROTH, SIEGLINDE / VAßEN, FLORIAN / WRENTSCHUR, MICHAEL (Hg.): Theaterarbeit in sozialen Feldern. Theatre Work in Social Fields, Frankfurt a. M., 2004, S. 38-48

WRENTSCHUR, MICHAEL: *Lebendig, vielfältig und gut vernetzt. Das Theater der Unterdrückten in Österreich*, in: WIEGAND, HELMUT (Hg.): Theater im Dialog: heiter, aufmüpfig und demokratisch. Deutsche und europäische Anwendungen des Theaters der Unterdrückten, Stuttgart, 2004, S. 108-125

WRENTSCHUR, MICHAEL / ARGE FORUMTHEATER ÖSTERREICH (Hg.): *Forum Theater in Österreich. Praxis. Projekte. Gruppen*, Wien, 1999

WRENTSCHUR, MICHAEL / RUCKERBAUER, ARMIN: *Theaterarbeit mit wohnungslosen Menschen am Beispiel von "wohnungs/LOS/theatern"*, in: KOCH, GERD / ROTH, SIEGLINDE / VAßEN, FLORIAN / WRENTSCHUR, MICHAEL (Hg.): Theaterarbeit in sozialen Feldern. Theatre Work in Social Fields, Frankfurt a. M., 2004, S. 199-205

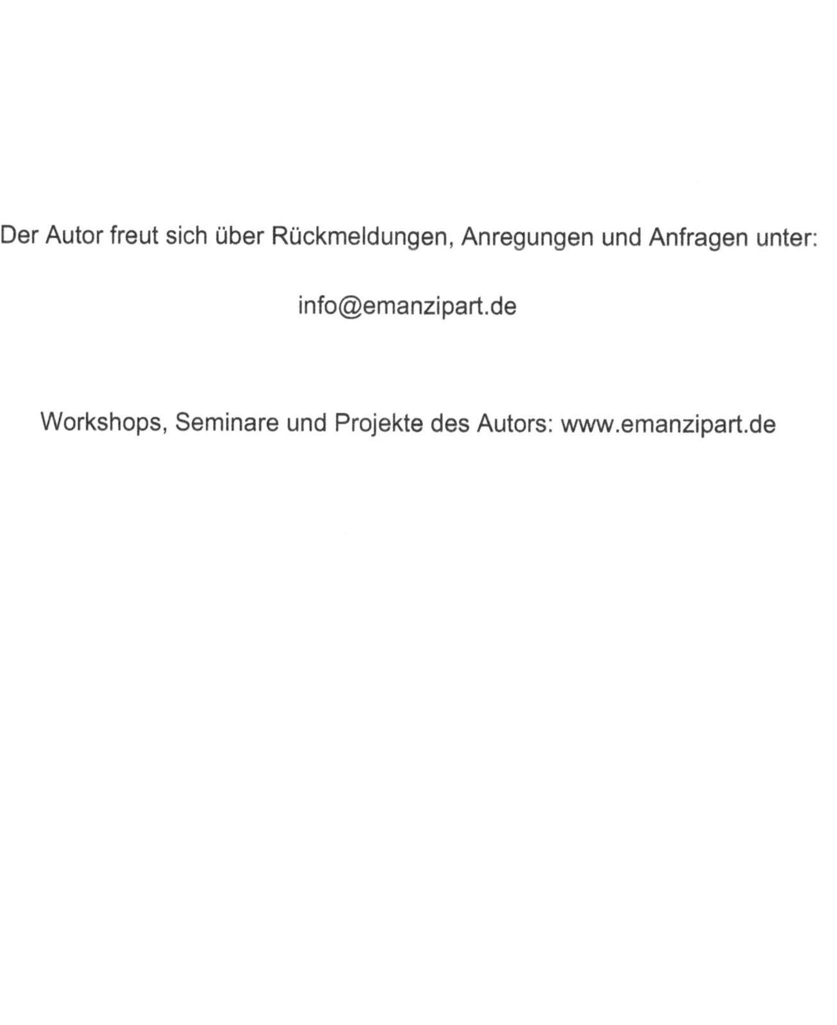

Der Autor freut sich über Rückmeldungen, Anregungen und Anfragen unter:

info@emanzipart.de

Workshops, Seminare und Projekte des Autors: www.emanzipart.de

ibidem-Verlag
Melchiorstr. 15
D-70439 Stuttgart

info@ibidem-verlag.de

www.ibidem-verlag.de
www.edition-noema.de
www.autorenbetreuung.de

Zeitfracht Medien GmbH
Ferdinand-Jühlke-Straße 7
99095 Erfurt, Deutschland
produktsicherheit@kolibri360.de